블록체인

21세기 교양의 비즈니스 · 공공정책 활용 지침서

마스터

블록체인 마스터

발 행 일	2020년 3월 12일 초판 1쇄
	2020년 7월 10일 초판 2쇄
지 은 이	이상진
발 행 인	이동선
편 집	노지호, 박우현, 김효윤
마 케 팅	김정화
디 자 인	유노스튜디오
발 행 처	한국표준협회미디어
출 판 등 록	2004년 12월 23일(제2009-26호)
주 소	서울특별시 금천구 가산디지털1로 145, 에이스하이엔드 3차 1107호
전 화	02-2624-0361
팩 스	02-2624-0369
홈 페 이 지	www.ksamedia.co.kr

ISBN 979-11-6010-044-0 03320

값 15,000원

블록체인

21세기 교양의 비즈니스·공공정책 활용 지침서

마스터

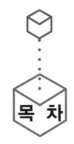

목 차

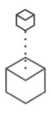

프롤로그

2016년 이후 비즈니스맨이나 정책 담당자들 간에 4차 산업혁명이 크게 화두이고, 누구나 인공지능·블록체인·IoT를 언급하고 있다. 하지만 한 꺼풀을 벗겨 보면 그 분야에 대한 구체적인 용어나 기술적인 이해가 부족할 뿐만 아니라 블록체인이 자신이 맡고 있는 사업이나 정책과 생활에 어떤 영향을 미칠 것인지, 그 영향을 감안하여 어느 부분을 수정하거나 추가해야 하는지, 또 이행 여부를 판단하는데 도움이 되는 지표나 실행 방안과 프로세스를 어떻게 수정해야 하는지에 대해 막연한 두려움만 가지고 있고 대응 방안을 찾지 못하고 있다.

시중에 소개되고 있는 블록체인 관련 서적도 매우 기술적이어서 엔지니어나 프로그래머용으로 작성되어 있는 경우가 많다. 또한 블록체인의 개념, 주요 기술, 비즈니스 적용 사례와 활용 방안의 전체 분야를 포괄하기 보다는 조각조각 특정 분야별 이론적인 설명 위주이다. 이러한 사유로 최고경영자나 회사의 임원, 정책을 담당하는 공무원, 기자나 정치인들이 블록체인의 전체적인 모습과 주요 요소를 파악하는데 어려움을 겪고 있다. 많은 경영자와 공직자들이 저자에게 블록체인에 관한 적당한 서적을 추천해달라고 문의했지만 마땅한 대안이 없었다. 이 책은 이런 독자층의 기대에 부응하고 영감insight을 주고자 한다.

저자는 2018년 11월 24일에 중국 항저우에 소재하고 있는 DataQin數秦科技라는 블록체인 업체를 방문하였다. 공증 서비스, 약식 재판용 사건 기록, 암호화폐 거래소 관리앱을 제공하는 회사로 설립 4년 동안 매년 30%씩 성장을 하면서 블록체인 상용 서비스를 제공하고 있었는데, 제대로 된 상용 서비스가 부족한 우리나라와는 많은 비교가 되었다. 이 업체는 2019년 1월 다보스포럼에서 Best Blockchain Industry Application상을 수상하였다.

한국은 세계적인 IoT 인프라와 모든 제조업 분야와 서비스업이 골고루 발전한 나라로 세계에서 거의 유일무이하다. 그러나 디지털 변혁Digital Transformation의 핵심인 인공지능과 블록체인 분야에서 미국, 중국 등이 우리나라를 한참 앞서 나가고 있다. 한국 기업의 경영자와 임원, 정책 담당자와 여론 주도층이 인공지능과 블록체인에 대한 제대로된 이해와 합의를 바탕으로 경제, 산업, 생활을 개조해 나가지 않으면 그동안 이루어왔던 번영의 성과와 원가·기술·부가가치 경쟁력을 21세기에 지속하기가 어려워질 것이다.

저자는 인공지능과 블록체인을 '21세기 교양'으로 본다. 초등학교 고학년때나 중학교 1학년때 교양 과목으로 영어를 배워서 외국인들과 소통을 할 수 있게 된다. 마찬가지로 곧 대중화되고 기본적인 것이 될 '21세기 교양'인 블록체인과 인공지능을 학습하고 소양을 갖추지 않으면 오늘날 시대를 살아가는데 필요한 경영이나 정책 용어를 몰라서 소통조차 어려워질 것이다.

이 책은 블록체인에 대해 전혀 모르는 초심자라 하더라도 블록체인의 기본 개념과 관련 기술을 이해하게 하는 것뿐만 아니라, 개론서에 그치지 않고 이를 심화하여 비즈니스와 투자에 활용하고 정책 개발이나 방향 설정에 도움이 되는 심화 지침서가 되는 것을 지향한다. 1990년대 시작과 더불어 보편화되기 시작한 초창기의 인터넷이 30년 만에 만개하였듯이 2040년경에는 블록체인의 시대가 올 것이다. 이 책이 독자들이 '21세기 교양을 심화시켜 개화할 수 있도록 하는 견인차 역할을 하기를 기대해 본다.

2020년 2월
강남구 삼성동 한국표준협회 신사옥 Digital Transformation 센터에서

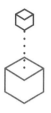

서론

블록체인은 네트워크상 거래 당사자의 모든 거래 행위에 관한 기록이 담긴 장부인 블록이 관련 당사자들 간에 공유되고 상호 연결되며, 블록의 내용이 계속 변경되는 것을 체인형태로 연결한 것이다. 블록체인은 제품이나 서비스가 아니라 탈중앙화된decentralized P2P 거래를 가능하게 만들어 주는 기술이다enabling technology.

블록체인의 핵심 아이디어는 네트워크상의 여러 분산된 장치에 시간확인 도장(time stamp)이 붙은, 확인 가능한 단일 기록을 등재함으로써 보안성과 감사 가능한 백오피스back office, 미들오피스middle office, 프런트오피스front office상에서 여러 기능을 수행하는 것이다. 블록체인 기술은 서로 사전 신뢰가 없는 상태에서 공유 데이터베이스를 사용하고 다양한 서비스를 할 수 있게 한다.

블록체인 프로토콜을 기반으로 비트코인과 같은 암호화폐를 창출하거나, 보험이나 송금 등의 거래를 정산하거나, 공증이나 토지등록, 디지털 신분증과 같은 새로운 컨텐츠를 보급할 수도 있다. 블록체인은 단순히 비트코인이나 암호화폐에 한정되는 것이 아니라 다양한 기능, 사용례, 어플리케이션이 있다.

블록체인이 여러 산업 분야에서 응용이 가능하고 비트코인이 시장에서 큰 주목을 받으면서 세계 유명 기업이나 경영자가 이에 주목하게 되었다. 비용을 절감하고, 자본을 창출하고, 비효율을 제거하고 신뢰성을 높일 수 있고, 비즈니스 모델의 전환을 가져올 수 있다는 측면에서 많은 기업가들이 그 가능성에 주목하고 블록체인이 가져올 기술혁신의 성과를 분석하기 시작했다.

블록체인의 개념을 이해하고, 블록체인이 초래한 탈중앙화된 관리, 그 투자 가치와 기술적 변혁의 가능성, 실제 사용례 등에 대한 전체적인 이해가 최고경영자와 정책 당국자들에게 매우 중요하다.

블록체인은 탈중앙화 혹은 분권화 기술에 관한 것이 핵심이다. 이런 탈중앙화의 대상은 정보, 지식, 명성, 계약, 합의·투표·의사결정 권한, 가치, 접근 권한, 신원확인[10] 등 모든 분야에 걸쳐서 발생할 수 있다. 블록체인 기술은 이런 탈중앙화 대상을 창출하고, 검증하고, 추적하고, 배분하고, 수집 및 통합하는 것을 구현한다.

블록체인은 90년대 초에 인터넷이 보급되면서 TCP/IP 프로토콜이 인간의 생활과 소통·업무방식에 근본적인 기술적 변화를 가져온 것처럼, 공개장부 형식의 블록체인 기술의 등장도 화폐의 개념을 새로 정립하고 탈중앙화라는 프레임을 가져 왔고, 이런 프레임 위에서 어떤 접근 방법과 기능성을 구현할 것인지에 관한 것으로 근본적인 기술과 일처리 방식의 변화를 가져오는 파괴적 혁신disruptive innovation을 가져올 것으로 기대된다.

따라서, 이러한 혁신에서 누가 승리할 것이고, 시장 구조나 조직의 비즈니스 절차를 어떻게 바꾸어야 하는지, 가치사슬 전반에서 누가 그 몫을 챙길 것인지를 파악하는 것은 생존에 관한 문제라고 할 수 있다.

본서의 Part 1은 블록체인의 개괄적인 소개로 포괄적인 잠재 가능성을 파악하고 블록체인 기술의 속성을 소개함으로써 기초적인 것을 이해하기 위한 것이다. 또한, 블록체인의 구조·종류를 포함한 생태계에 관한 소개도 한다. 블록체인 생태계에서 여러 관계자들과 그 역할, 실제로 어떤 일을 하는지와 그러한 일을 추진하는데 어떤 동기 부여가 있는지를 살펴본다.

Part 2에서는 블록체인을 이용한 가치저장과 가치이전 방식의 핵심을 이루는 비트코인의 주요 논점들과 비즈니스 측면에서의 영향과 향후 전개 방향 등에 대해 고찰한다. 비트코인이 부상하면서 대두되고 있는 규제의 현황과 비즈니스와 정부의 정책 결정에 오랫동안 지속될 영향에 대해 어떻게 대비할 것인지를 살펴본다.

Part 3은 핵심적인 기술과 관련된 스마트 계약smart contract과 분산앱decentralized apps에 대해 논의한다. 비즈니스 일선에서 스마트 계약과 분산앱이 어떻게 작동되고 경쟁 전략에 활용할지를 살펴본다. 그리고 블록체인을 활용한 금융 분야의 가치저장과 가치이전, 이와 관련한 비즈니스 솔루션과 비즈니스 전략을 소개하고 각 모델이 가지는 비즈니스 함의와 한국의 공공 선도사업을 찾아본다.

또한, 블록체인 기술을 어떤 조건하에서 적용해야 하는지, 적용하는 경우에 어떤 점을 고려하고 비즈니스 프로세스를 어떻게 바꾸고 전략을 세우고 이행할 것인지, 조직내에서 블록체인의 채택을 촉진하는 방안을 논의한다. 독자들이 어떻게 블록체인을 활용할지에 관한 참고할 만한 구체적인 방법론과 준거 기준이 제시된다.

마지막으로 Part 4에서는 앞으로 5년, 10년, 30년 후 블록체인의 미래와 과제에 대해 살펴본다. 향후 수년 내로 블록체인 기술은 금융 분야 등에 깊숙이 파고 들 것이며, 인공지능·IoT·빅데이터 기술과 상호 작용을 일으키며 진화해 나갈 것이다.

　이러한 진화 방향에서 최고경영자와 고위 정책결정자가 어떠한 방향성을 갖추어야 하는 지를 살펴본다.

PART 1
블록체인의
개요와 생태계

BLOCKCHAIN MASTER

블록체인의 개념과 작동원리

비트코인의 등장

전자화폐digital currencies에 관한 연구는 약 30년 전부터 시작되었다. 1997년 Adam Back은 Hash cash의 개념을 도입하였는데 이는 원치 않거나 스팸메일을 방지하기 위한 목적이었다. 주요 아이디어는 한 명의 사용자가 한 개의 메일을 보낼 때는 해시값을 계산하는 것이 간단하나, 다량의 스팸메일을 보내는 운영자는 해시값을 계산하는데 많은 시간과 자원을 쓰게 만드는 것이다.

Wei Dai는 1998년에 B-money라는 작업증명proof-of-work을 이용한 전자화폐를 소개했다. B-money는 더 높은 컴퓨팅 파워연산처리능력를 갖춘 네트워크의 경우 적정 수준의 난이도가 적용되지 않아 의도치 않은 화폐가 들어올 수 있다는 것이다. 또한 노드 간의 전원합의 메커니즘과 보안상의 문제가 있었다. Tomas Sander 와 Ammon TaShamasms는 1999년 머클트리Merkle Tree를 사용한 e-cash를 소개하였다. Hal Finney는 2004년에 RPoWReusable proof-of-work를 소개하면서 중앙집중화된 데이터베이스가 모두 사용된 작업증명 토큰을 추적하고, 그 거래가 신뢰성 있는 플랫폼에 장착된 온라인 원격증명을 받도록 하였다.

암호화폐인 비트코인에 블록체인 프로토콜을 적용한 나카모토 사토시의 백서가 발표된 2008년 10월을 블록체인 기술의 시발점으로 볼 수 있다. 비트코인의 주요한 히스토리는 다음과 같다. 2009년 1월 9일에 최초의 블록이 채굴되었고, 1월 12일에 최초의 비트코인 거래가 이루어졌다. 2009년 12월 16일에 비트코인 버전0.2가 발표되고 2010년 2월 6일에 비트코인 마켓Bitcoin Market 이라는 거래소가 만들어졌다. 2010년 2월 18일에 비트코인 암호화 특허가 승인되었다. 2010년 5월 22일 미국 플로리다의 Laszio Hanyecz라는 프로그래머는 피자 한판을 보내주면 10,000개의 비트코인을 주겠다고 해서 한 영국인이 25달러에 피자 두 판을 주문해주고 10,000 비트코인을 받았다. 2010년 7월 12일에는 비트코인 가격이 10배가 올랐다. 2010년 10월 미국 정부의 재무 TFFinancial Task Force가 비트코인이 자금세탁이나 테러집단이 사용할 수 있다고 경고를 했다. 2010년 11월 6일 비트코인의 주식시장 평가액이 100만 달러가 되었다. 2011년 1월 28일 비트코인의 총 발행 가능량 중 25%가 발행되었다. 2011년 2월 9일 1 비트코인이 1달러에 해당되는 가치를, 4월 23일 1유로의 가치를 넘어서고 6월 2일 MtGox 거래소에서 10달러에 거래되게 되었다. 2011년 6월 13일 비트코인 포럼에서 25,000 비트코인이 전자지갑에서 도난당했는데 당시 거래가로 375,000달러에 해당했다. 2011년 6월 14일 위키리크스에서 비트코인으로 결제하는 것을 허용했다. 2012년 6월 비트코인 지갑과 플랫폼을 제공하는 코인베이스Coinbase가 설립되었다. 2012년 9월 3일 미국에서 네 번째로 큰 거래소인 Bitfloor의 20,000 비트코인이 해킹을 당했다. 2012년 9월 27일 비트코인의 핵심적인 프로토콜 개발을 담당하는 비트코인 재단Bitcoin Foundation이 설립되었다. 2013년 2월 19일 버전0.8이 발표되었다. 2월 28일 MtGox의 영업 601일 만에 비트코인 가격이 최고점에 도달했다(1BTC = $31.91). 2013년 3월 28일 비트코인의 시가총액market cap이 10억 달러에 도달했다. 2013년 4월초 비트코인 가격이 100달러를 넘어서 266달러로 급등하다가 4월 20일에 급락하였다. 2013년 5월 비트코인 관련 자료와 뉴스 웹사이트인 코인데스크Coindesk가 Spotify의 투자로 설립되었다. 2013년 5월 14일 미국 국토안보부가 MtGox가 송금 업무를 등록하지 않았다는 사

Block 0[2]

Short link: http://blockexplorer.com/b/0

Hash[2]: 000000000019d6689c085ae165831e934ff763ae46a2a6c172b3f1b60a8ce26f

Next block[2]: 00000000839a8e6886ab5951d76f411475428afc90947ee320161bbf18eb6048

Time[2]: 2009-01-03 18:15:05

Difficulty[2]: 1 ("Bits"[2]: 1d00ffff)

Transactions[2]: 1

Total BTC[2]: 50

Size[2]: 285 bytes

Merkle root[2]: 4a5e1e4baab89f3a32518a88c31bc87f618f76673e2cc77ab2127b7afdeda33b

Nonce[2]: 2083236893

Raw block[2]

Transactions

Transaction[2]	Fee[2]	Size (kB)[2]	From (amount)[2]	To (amount)[2]
4a5e1e4baa...	0	0.204	Generation: 50 + 0 total fees	1A1zP1eP5QGefi2DMPTfTL5SLmv7DivfNa: 50

유로 290만 달러를 압류하였다. 2013년 8월 12일 뉴욕주 재무부
(Department of Financial Serivces)가 22개의 비트코인 관련 기
관과 투자자들을 불법적인 행위에 비트코인을 사용한다는 이유
로 기소하였다. 2013년 8월 20일 독일 재무부가 비트코인을 사적
화폐라고 판정했다. 2013년 10월 2일 FBI가 불법 마약거래 사이
트인 '실크로드'를 폐쇄하면서 360만 달러에 해당하는 비트코인
을 압류하였다. 2013년 10월 14일 중국 포털사이트인 바이두가 비
트코인을 지불수단으로 인정했다. 2013년 11월 17일 MtGox 거래
소에서 비트코인 가격이 503.10달러에, 11월 19일 1,000달러에 도

달했다. 2013년 12월 5일 중국 중앙은행이 비트코인 거래를 금지하였고, 바이두도 비트코인을 사용한 지불을 중단하였다.

2008년 10월 금융 위기가 정점에 이르렀을 때 나카모토 사토시라는 익명으로 발표한 논문white paper에 작업증명proof-of-work 방식으로 해시 코드 값을 부여한 일련의 블록에 시간표시 도장time stamp을 찍고 전자서명digital signature을 붙여 P2P형태로 전자화폐를 온라인상으로 지불하는 비트코인의 체계를 고안해 낸 것에 기인한다.[1]

비트코인의 등장은 암호학의 발달, 인터넷과 초고속 통신망의 보급, P2P 네트워크의 발달 등에 힘입은 바가 크다.

고대 시대에는 조개껍질 등이 거래의 수단으로 쓰였고, 그 이후 왕이나 중앙은행 등이 물리적인 실체를 가진 동전, 지폐 등의 화폐를 발행하였다. 20세기말과 21세기초에 인터넷을 이용하여 국경의 경계를 넘어서는 소통과 거래가 가능해짐에 따라 중앙 정부에 의해 통제되는 물리적이고 정치적인 화폐를 대신하여 탈중앙화된 전자화폐가 등장할 수 있게 되었다. 비트코인은 거래를 매개하는 화폐의 유통에 있어서 중개자인 은행이 필요 없다는 것이다. 비트코인은 머클트리 해시 함수, 공개키 암호화, 전자서명 등의 개념을 기반으로 한다.

---

1   Satoshi Nakamoto, October 31, 2008. "Bitcoin : A Peer-to-Peer Electronic Cash System," Satoshi Nakamoto Institute.

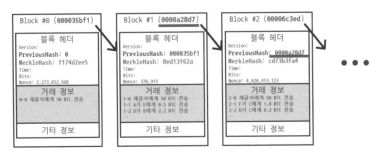

이 새로운 방식의 화폐인 비트코인은 물리적인 것이 아니지만 부패나 조작에 대해 대항력이 있는 것으로 다수의 개인으로 이루어진 집단이나 정부, 은행이 통제할 수 없게 된다. 네트워크 참가자는 동료peer로서 평등한 행위자로 같은 프로토콜을 사용한다. 비트코인의 자금 정책은 공개형 네트워크상에서 자율 규제이다.

블록체인은 전 세계적으로 흩어져 있는 사용자들이 같은 소프트웨어 코드를 이용해서 한 참가자가 블록체인에 올린 거래를 하나의 블록에 묶는batched 것이고, 이 블록들이 순차적으로 처리되어 기존 블록에 추가되어 체인을 형성하는 것이다. 새로운 블록이 네트워크로 보내지면 채굴자들이 소프트웨어를 이용하여 해시값으로 이루어진 수학적 퍼즐을 풀고 이렇게 입증된 블록들은 기존 블록체인에 추가되어지는 것이다. 비트코인의 경우 하나의 참인 기록record of truth이 수많은 노드에 소재하고 있는 채굴자 중 한 사람에 의해 입증된다. 채굴자는 해당 블록에 기재된 거래의 역사가 유효하고 진실된 것임을 증명하게 된다. 그 의미는 이 블록이 조작tampered되지 않았다는 것이다. 블록체인상에서 거래의 역사적 기록을 변경하거나 변질시키려면 만여 개 이상의 노드에서 만여 개의 블록 카피를 동시에 변경시켜야 하므로 불가능하다.

이런 점에서 블록체인은 궁극적인 신뢰 장치로 불린다. 비트코인 블록체인을 예로 들면, 참가자들이 비트코인 거래를 전자지갑으로 이동시키는 것이다. 다른 블록체인의 경우 그 대상이 데이터, 국경 간 송금, 지적 재산권, 자동차 보험 거래에 있어서 사고 및 보험금 관련 기록 등이 될 수 있다. 서로 상대방을 반드시 알 필요가 없거나 신뢰하지 않더라도 중간 매개자의 관여가 없이 블록체인 네트워크의 알고리즘을 신뢰하여 거래를 할 수 있는 것이다.

해시 함수hash function와 채굴mining

암호화 해시 함수는 크기와 길이가 상이한 데이터를 고정된 길이의 숫자(함수) 값으로 변환하는 것이다. 해시값은 상이한 입력 데이터input data를 비교하여 검증할 수 있게 만든다. 예를 들면 10페이지의 보고서의 경우 마침표를 의문 부호로 바꾸는 정도의 조금이라도 수정이 있게 되면 블록의 헤더header 부분에 소재한 해시

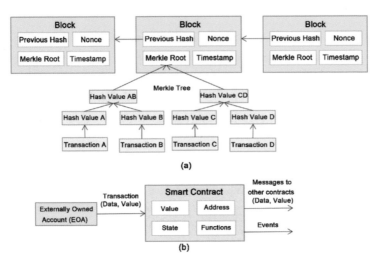

값은 바뀌고 두 개의 해시값을 비교하면 서로 다른 보고서임을 확인할 수 있다. 해시 함수는 두 개의 대상이 동일한지를 판단하는데 유용하다. 입력 데이터가 약간이라도 수정되면 산출output 해시값 또는 다이제스트digest는 바뀌게 된다.

해수 함수는 함수가 산출하는 해시값의 길이에 따라 다양하다. 비트코인은 Secure Hash Algorithm-1SHA-1과 Secure Hash Algorithm-2SHA-2를 주로 사용하는데 총 256비트로 만들어낸다. Secure Hash Function은 일방향 함수로 앞으로만 진행이 되고 뒤로 가려면 대입법 밖에는 없다. 동일한 입력 데이터는 동일한 해시값을 산출하여 동일 데이터를 두 번 추적하지 않게 한다. 입력값은 언제나 동일한 결과값을 얻지만, 결과값을 얻은 후 입력값을 전혀 예측할 수 없다. 즉, 입력 데이터에 따라 생성되는 해시값이 거의 예측이 불가능하여 해킹을 방지하게 된다. 서로 구분되는 두 개의 입력 데이터는 같은 해시값을 가질 수 없어 거래가 잘못 귀속되거나 네트워크에 전달relay되지 않는 장점이 있다.

머클트리는 각각의 거래가 해시값으로 표시되고 이전 단계의 두 개의 해시값이 다음 단계의 해시값을 형성하는 나무 모양의 구조로 되어 있다. 블록체인의 경우 블록의 헤더에 이전 블록의 해시값과 이번 단계에서 지난 단계의 해시값이 변형된 새로운 해시값이 블록 헤더에 표시된다. 거래가 변경될 때 마다 새로운 블록에는 이전 단계의 해시값과 새로 만들어진 해시값이 나타나게 되는 과정을 반복하는 붙이기만 할 수 있는append-only 원장으로 조작 방지tamper proof가 이루어진다. 만약 악의적인 의도를 가진 행위자가 어떤 블록을 추가, 제거, 변경하려고 하면 머클트리 방식으로 이와 연결된 모든 블록에 영향을 미치게 되어 변질방지가 이루어진다.

해시의 암호화는 거래 내역을 포함하는 블록의 정보가 변경되지 않음을 증명하고, 새로운 블록을 찾기 위한 넌스Nonce값을 찾는데 이용한다. 해시 함수에 이전 블록의 해시값, 거래 내역, 넌스값을 넣어 특정 조건을 만족하는 결과값이 나오도록 넌스값을 유추해내는 채굴을 수행한다. 비트코인 거래시 거래 정보의 무결성을 보장하기 위해 사용되며, 거래 정보의 해시값을 공개키 기반 암호화를 통해 거래 내역의 무결성 입증이 가능한 디지털 서명 사용한다. 각각의 거래 내역의 해시값을 누적하는 머클트리 구조의 루트 해시를 가짐으로써 중간에 값이 변경되면 루트해시값이 변경됨으로 변조 유무를 쉽게 판단할 수 있다.

1. SHA256 함수(Previous Hash, 2831458581(넌스값), RootHash) =
2975FCCB5AB37D63AC857A9AB43D5B6949DAC472D115DAFB4E
49FC8A3818F937

2. 목표값 예
0000000000000000000004ab06e990967f765bf222f3802286ec1816
3bf2d75b16

1. 채굴 난이도를 통해 블록 목표값이 정해짐.
2. Nonce에 무작위 숫자를 넣어 SHA256 함수에 적용해 해시값을 구함. 랜덤 숫자인 넌스값을 이전 해시값과 머클루트의 해시값과 결합하여 새로운 해시값을 채굴하는 것을 반복.
3. 해시값이 목표값 이하면 블록 채굴 성공. 해시값이 목표값보다 높으면 2번으로 돌아감.
4. 성공 후 다른 노드에 블록 전달.
5. 다른 노드에서도 블록을 찾아서 동시 전달시 향후 더 긴 블록 채택.
6. 2주 후 평균 블록 생성 시간이 10분 이상이나 이하일 경우 난이도 조정.
   ⇒ 2번과 3번의 행위가 채굴mining

작업증명과 채굴, 지분증명, 비잔틴 장애 허용

채굴은 어떤 노드에서 작업증명이라고 불리는 수치값 퍼즐넌스값을 풀어서 유효한 블록valid block을 찾는 것이다. 이 랜덤값을 찾는 과정이 작업증명이다. 작업증명은 비트코인 채굴자가 마치 광부가 광산에서 금을 캐기 위해 육체적인 노력을 하듯이 네트워크상에서 수치값 퍼즐을 풀기 위해 컴퓨팅 파워를 사용하는 것을 의미한다. 암호화된 해시값을 발견하는 것이 퍼즐을 푸는 솔루션이다. 비트코인의 경우 특정 난이도의 해시값을 역함수 해시화하여 해시 함수의 결과값이 특정값보다 작아지도록 하는 입력값Nonce을 찾는 것인데, 비트코인의 경우 약 10분 정도 걸려 풀릴 수 있도록 난이도의 타겟값이 조절된다.

비트코인은 넌스값을 만드는데 SHA256이라는 알고리즘이 사용되는 것은 전술한 바와 같다. 채굴 노드는 거래가 입력으로 처리한 블록의 해시값을 맞추기 위해 컴퓨팅을 실시하고, 해당 해시값을 풀기 위해 이 과정을 반복한다. 만약 다른 노드에서 먼저 해당 거래 블록의 타겟 해시값을 풀거나, 자신이 푸는 경우 이 과정을 중단하게 된다. 암호화 퍼즐을 첫 번째로 해결한 노드는 작업증명을 확보하고 새로이 주조된 비트코인을 보상으로 받게 된다.

비트코인의 경우 2개의 노드가 동시에 해시값을 푸는 경우 다음 블록을 먼저 푸는 노드가 작업증명을 확보하게 되는데, 그래도 중복이 일어나면 6개까지 이런 과정을 반복(6개의 확정)할 수 있다. 작업이 더 많이 들어간 체인을 선호하는 것이다. 한국에서 미국의 노드를 연결시 15개의 라우터를 거쳐야하며 200msec가 소요되어 동시에 중복 채굴이 될 수 있다. 채굴은 시스템에 비트코인을 추가할 뿐만 아니라 네트워크상 거래를 증명하는 컨센서스를 보장하는 핵심적인 역할을 한다. 채굴은 악의적인 사용자가 네트워크상에서 동일한 비트코인을 두 번 쓰는 것double spending을 방지하여 사기성이 있는 거래를 배제하게 된다.

예를 들면 노드 A가 노드 B에게 코인을 송금하는 거래를 만들고 송금 거래를 서명하게 된다. 노드 A는 이를 전체 네트워크에 고지하고 전파를 하게 된다. 이 거래블록은 네트워크 풀에 올라 있는 노드에 저장이 되고 채굴이 되기를 기다린다. 마지막으로 어떤 노드의 채굴자가 해시값을 찾아냄으로써 거래를 채굴하게 되면 다음 단계의 블록이 만들어지고 채굴자에게는 보상으로 비트코인이 주어진다. 단 채굴보상금은 비트코인 수령후 100블록이 추가된 이후에 사용할 수 있다.

지분증명proof-of-stake 알고리즘은 한 개의 노드 또는 한 명의 사용자가 상당히enough 많은 것을 투자한 상태로 그 시스템에 엮여 있어서 악의적인 이용자노드의 부정적인 선택을 용납하지 않는다는 것이다. 지분증명 알고리즘은 모든 노드를 동일하게 취급하는 작업증명과는 달리 서로 다른 역할을 수행하는 특별한 노드chain core로 구성되어 있다. 블록 생성 프로그램은 주기적으로 거래를 모아서 chain core에 장착된 규칙에 의해 입증인증한 후에 새로운 블록이 만들어진다. 이 과정에서 이중지불 문제 등 경쟁 관계에 있는 거래의 문제가 해소되고 한 개의 거래만 남게 된다. 새로운 블록이 네트워크에 제안되면 블록 서명자block signers라는 노드로 이루어진 그룹에서 입증 후 인증하게 된다. 이 서명 과정을 거쳐야 제안된 새로운 블록이 모든 노드에서 받아들여진다. 채굴을 위해 자신이 보유한 지분stake을 스스로 증명하여 지분만큼 채굴 권한을 가진다.

 작업증명의 문제점은 거래를 신속히 처리하기 위해서는 너무 많은 컴퓨팅 파워가 필요하다는 것이다. 즉, 채굴 난이도가 높아질수록 연산에 고사양 장비들이 필요하게 되고, 반복적인 연산을 계속해서 하게 되어 전기 같은 자원의 낭비가 심하다는 것이다. 이는 규모의 경제와 신속한 거래처리를 필요로 하는 기업용에는 적절하지 않다는 것이다. 지분증명은 작업증명의 처리속도 문제를 해결하기 위해 고안된 것이다. Simplified Byzantine Fault ToleranceSBFT 알고리즘은 이러한 단점을 극복하기 위해 제시되었다. 지분증명은 chain core 기반과 비잔틴 장애 허용BFT : Byzantine Fault Tolerance을 두 축으로 하고 있다. SBFT는 모든 노드들이 퍼즐을 풀기 위해 컴퓨팅 자원을 쓰지 않아도 되므로 작업증명에 비해서 효율적이다. 사전에 지정된 생성자 노드가 새로운 블록을 만드는 구조를 통해 처리 속도도 빠르고 확장성이 있는 사업 응용앱을 만들고 모듈별로 접근함으로써 결함이 있거나 악의적인 노드를 빨리 확정하고 제거할 수 있다. 한편, 참여한 노드들이 이자를 받으려고 코인을 묶어두려 하기 때문에 시중 코인의 유통량 감소로 이어질 수 있고, 코인을 많이 보유한 노드나 사람이 너무 강한 권한을 가지게 되는 단점이 있다.

블록체인이 탈중앙화_{분권화}되거나 P2P 네트워크라는 의미는 원장의 관리에 대해 컨센서스에 도달하도록 하는 중앙집중화된 기관이 없음을 의미하며, 상호 신뢰가 없는 네트워크상에서 컨센서스에 도달하게 하는 알고리즘을 이용하는 것이다.

1982년에 비잔틴 군대의 3명의 장군이 특정한 요새를 공격하려하는데 이 가운데 한 명은 변절자이고 이 장군들 간의 유일한 소통 방식은 연락병 밖에 없는 경우인데, 어떻게 변절자인 장군을 포함하여 3명 모두 합심_{컨센서스에 도달}하여 요새를 성공적으로 공격할 것인가에 대한 한 가지 실험이 시행되었다. 이는 분산원장 시스템과 유사하고, 각 장군들은 노드에 해당하고, 변절자는 악성 노드_{비잔틴 장군}에 해당한다. 이에 대한 해답은 1999년 Practical Byzantine Fault Tolerance 알고리즘으로 제시되었다. BFT 방식의 장점은 처리속도가 빠르고, 비용 대비 효과성이 높고, 시스템의 확장 가능성이 높다는 것이다. 단점으로는 중앙집권화가 되어 있고, 유사 합의에 의한 신뢰라는 점이다. PBFT는 단순히 고장난 노드뿐만 아니라 악성 노드가 있더라도 전체 시스템이 안정적으로 동작하도록 하는 프로토콜로, BFT 계열 프로토콜 중에서 가장 실용적으로 쓰인다. 의사결정의 리더 역할을 하는 primary 노드가 있으며, primary 노드의 주도하에 순차적으로 명령이 수행되고, primary 노드가 고장이 나거나 악의적인 행동을 하게 될 경우 'view change'라는 절차를 통해 primary 노드를 바꾸게 된다. PBFT는 폐쇄형 블록체인private blockchain 시스템에 적용되고 있다.

주요 합의 알고리즘은 탈중앙화 성격을 희생하면서 보안성과 확장성을 얻으려는 것이다. 작업증명의 경우에는 블록 생성과 검증이 동시에 이루어지고, 수많은 노드가 생성과 검증을 경쟁적으로 동시에 하는 것으로 끊김 없이 블록이 생성되면서 앞으로만 전진을 하게 된다. 타 합의 알고리즘은 지분을 많이 가진 자, 활동이 많은 자, 무작위로 선출된 자가 블록의 생성과 검증을 맡게 된다.

작업증명 방식의 블록체인은 비트코인, 이더리움, 라이트코인, 지분증명 방식으로는 DASH, Stratis, NAV Coin, Peercoin, Decred, Nxt, Nova Coin이 있고, 네트워크상 노드들의 투표 결과로 선출된 상위 노드에게만 지분증명 권한을 위임하는 위임

지분증명Delegated Proof-of-Stake 방식으로는 Steemit, BitShares, EOS, Lisk, Ark, BitShares 등이 있다. PBFT 방식의 블록체인에는 하이퍼레저Hyperledger, NEO, 리플, 스텔라, Dispatch 등이 있다.

블록이 생성되는 인터벌을 줄이기 위해 노드 숫자를 줄이고 여기서 잘 돌아가는 알고리즘을 사용한다. EOS의 경우 21개 노드가, 리브라는 100개의 노드가 있다. 작업증명의 방식에서도 블록 생성 인터벌이 라이트코인은 2.5분, 이더리움은 14초이다. 그러나 노드 숫자가 적을 경우 명의 도용 공격sybil attack이나 DDos 공격에 취약해지고, 이중지불 문제의 발생과 탈중앙화라는 블록체인의 정통적인 개념과는 멀어진다.

블록체인의
동향

블록체인은 실체가 있는가?

블록체인에서 비트코인은 빙산의 일각이다. 블록체인은 월드와이드 웹, 클라우드 컴퓨팅, 모바일 인터넷 등 몇 단계의 변화를 거친 네트워크 혁신의 근본적인 변화를 초래한다. 1960년대 인터넷이 출현하여 서로 이메일을 통해서 분산형 소통을 할 수 있게 되었다. 80년대 월드와이드 웹의 등장으로 훨씬 다양한 텍스트 및 영상정보를 인터넷 프로토콜을 통해서 전송하게 되었다. 90년대만 하더라도 우버나 아마존, 알리바바와 같은 개념은 상상하기가 어려웠다. 월드와이드 웹의 진정한 잠재력이 발현되는 것은 등장 후 20년이나 지나서 실현되고 있다.

비트코인도 이와 유사하다. 2008년에 출현해서 아직은 초창기 이지만, 2011년과 2012년경에 상당한 관심을 모았고 2018년 초에 가격이 천정부지로 치솟았다. 이더리움이나 또 다른 블록체인 프 로토콜들이 2017년 이후부터 꾸준히 출현하고 있어 또 다른 네 트워크 혁명이 대기하고 있는 상황이다.

1999년 IBM 회장인 루 거스너는 아마존이 소매와 인터넷 판 매를 혁신할지 모른다는 점을 일축했다. "Amazon.com이 매 우 흥미 있는 소매의 개념이기는 하지만, 월마트가 어찌 대응 할 지를 두고 보자. IBM은 이미 모든 최고의 인터넷회사의 매 출과 이윤을 합한 것보다 더 많은 것을 창출하고 있다.Amazon. com is a very interesting retail concept, but wait till you see what Wal-Mart is gearing up to do. IBM is already generating more revenue, and certainly more profit, than all of the top Internet companies combined."

2007년 최초의 스마트폰인 iPhone이 처음 출시되었을 때 마 이크로소프트의 CEO인 스티브 발머는 "500달러라고? 전액 보 조금을 받는 것인가? 나는 세상에서 제일 비싼 핸드폰이라고 생 각한다. 키보드도 없어서 비즈니스 고객에게는 전혀 매력적이 지 않다. 이메일을 하는데 도움이 안 되는 기계이다.500 dollars? Fully subsidized? With a plan? That is the most expensive phone in the world. And it doesn't appeal to business customers because it doesn't have a keyboard, which makes it not a very good email machine."

2015년 JP Morgan의 CEO인 제미 디몬은 블록체인을 평가절하했다. "개인적인 견해이지만, 진짜가 아니면서 통제받지 않는 화폐는 존재하지 않는다. 어떤 정부도 이런 상황을 오래 용납하지 않는다. 정부의 통제를 우회하는 화폐는 없다.This is my personal opinion, there will be no real, non-controlled currency in the world. There is no government that's going to put up with it for long … there will be no currency that gets around government controls."

그리고 2년 뒤 디몬은 비트코인이 사기라고 비난하면서 "비트코인은 과거 네덜란드의 튤립 투기붐 시절의 튤립 봉오리보다 더 나쁜 것이다. 종말이 좋지 않을 것이고 누군가가 죽게 될 것이다. 화폐는 법적인 지지를 받는다. 비트코인은 터져 버리고 말 것이다.It's worse than tulip bulbs. It won't end well. Someone is going to get killed. Currencies have legal support. It will blow up."고 말했다.

블록체인이라 불리는 이유는 하나의 원장에 해당하는 블록에 데이터가 구조화되고 한 묶음bundle으로 처리되기 때문이다. 모든 블록은 이전 블록과 묶여 있고 해시값hash function을 통해 체인화되어 있다. 블록체인은 2020년 기준, 인터넷 도입 초기와 비슷하게 많은 사람들에게 그 실체가 무엇인가 하는 의문과 미래에 어떤 영향을 미칠지 불확실성을 던지고 있다. 인터넷 도입 초기인 1992

년에 많은 사람들이 dark web이라고 하면서 불법적이거나 부정적인 측면에 대해 우려하는 경우도 많았다. 당시에 인터넷을 이용한 전자상거래, 구글, 페이스북, 클라우드 컴퓨팅 등은 상상할 수 없었다. 인터넷의 도래가 그러했듯이 블록체인도 새로운 부를 축적하고 회사를 만들 기회를 부여할 것이다. 인터넷이 데이터의 소유와 유통에 심대한 영향을 미쳤듯이 블록체인도 그 최소한도는 자산 소유 방식을 기존과 다르게 완전히 바꿀 변혁적 기술 disruptive technology이다.

블록체인은 주택을 사고 팔 때 누가 소유했고, 담보의 여부 등과 같은 것이 기록된 수탁 장부가 연속으로 체인형태(chain of custody)로 붙어 있는 것으로 디지털화된 것이라고 할 수 있다. 이것은 매우 많은 사람이 사전에 전원합의컨센서스를 바탕으로 디지털 기록을 계속해서 업데이트 하는 것으로 매우 효율적이다. 블록체인 내에 자산 내역을 담아 통제하게 되면 상대편이 누구인지 알지 못하고 신뢰하지 않더라도 거래가 가능해진다. 거래의 진실성을 담보하고 사기를 방지하되 거의 무료로 발생 후 즉각적으로 자동화되어 처리된다. 블록체인은 거래 관계를 처리하는 혁신적인 기술이다. 블록체인은 제3자가 개입해서 중개하는 것을 없앰으로써 알력과 번거로움이 줄어들고 거래비용이 혁신적으로 낮아지고, 데이터에 대한 소유권을 거래 당사자에게 돌려주게 된다.

이러한 변혁으로 정부·병원·금융기관의 관료주의가 힘을 잃게 된다. 블록체인 기반의 송금이 무료에 가깝게 이루어진다면 많은 금융기관 종사자들은 직업을 잃을 수 있고 많은 중개 업체들이 사라질 수도 있다. 신뢰가 필요했던 많은 거래들이 적은 비용으로 가능해진다는 것은 사업 조직을 완전히 바꾸지 않으면 안 되게 할 수도 있다. 한편으로는 블록체인의 장점은 수많은 사업기회도 제공할 것이다. 닷컴 버블 시대에서 알 수 있듯이 기술은 그 용도와 비례하여 유용해진다. 어떤 비즈니스 모델을 구축하느냐에 따라 블록체인의 잠재력이 피어날 것이다.

블록체인은 인터넷, 모바일폰 다음으로 독자들의 인생을 바꿀 세 번째로 도래하는 혁신적인 기술이다. 비록 많은 의혹과 궁금증이 있고 상업적으로 유용한 솔루션이나 플랫폼이 부족하여 아직은 초창기이지만, 블록체인이 가능하게 하는 것이 무엇인지 정확히 알 수 없더라도 이것을 도외시해서는 안 된다. 블록체인이 금융서비스, 의료, 뮤직 등 다양한 부분에서 크게 영향을 미칠 것이나 어떻게 구현될 지는 미지수로 향후 결정될 것이다. 이는 인터넷이 출현할 때 구글이나 페이스북이라는 서비스가 가능한지, 어떤 영향을 미칠지 예측할 수 없었던 상황과도 비슷하다. 그럼에도 불구하고 인터넷을 통해 세상 모든 사람들이 연결되고 페이스북을 통해 낯선 이들과 페친을 맺고 소식과 의견을 주고받듯이 블록체인 기술은 이전에는 전혀 상상할 수 없었던 방식으로 가치를 교환하게 하는 것을 가능하게 만들 것이다. 전혀 예상할 수 없었던 방면으로 블록체인이 활용될 수 있다.

예를 들면, 2011년 동일본 지진과 쓰나미로 후쿠시마 원전의 안전관련 자료나 인근 현의 토지대장이 유실되는 것이나 인도네시아 반다르아체 지진과 쓰나미로 은행계좌와 토지대장이 유실되는 것도, 이러한 정보들이 블록체인으로 구현되어 있었다면 재건이나 은행계좌 복구 등에 있어서 매우 용이했을 것이다.

블록체인은 비트코인을 포함하여 가치저장 기능을 갖춘 다양한 암호화폐를 포함하고 있지만, 훨씬 더 다양한 사용처가 있다. 현재의 페이스북, 구글처럼 한 기관이나 사람이 정보나 신뢰를 독점하는 것이 아니라 탈중앙화_{분권형} 신뢰 네트워크이다. 많은 노드들이 합의를 기반으로 작동하며, 감사_{audit}를 함에 있어 훨씬 더 파워풀하고, 사이버 공격에도 방어벽이 튼튼하며, 변화에 대해 탄력적으로 대응이 가능하다. 이러한 측면에서 블록체인을 이용하여 탈중앙화된 운영구조_{governance}의 도입이 용이하고, 쉽게 데이터를 조작하지 못하게 되어 전자투표_{e-voting} 등에 활용될 수 있다.

블록체인은 비트코인처럼 가치를 저장하고 거래하기 좋은 것이기도 하지만, 역사적인 기록이나 데이터를 추적하고 검증하는 등 정보의 저장 기술로도 훌륭하다. 또한, 주식 거래의 결제 및 청산 등에도 활용할 수 있다.

　아주 핵심적인 데이터를 조작하거나 변경하는 것이 훨씬 곤란해져서 사이버 보안 측면에서도 강력한 툴이다. 블록체인은 의료 및 의약품 분야에 적용도 가능하고, MIT 연구에 따르면 의약품 개발비용과 개발 후 시장판매까지 소요되는 시간을 50%나 줄일 수 있다고 한다. 블록체인이 가정마다 초고속통신망이 연결되지 않거나 와이파이 등이 보편화 되지 않은 IT 인프라가 열악한 지역에서 이를 극복할 수 있는 방편이 될 수 있느냐에 대한 이슈가 대두되고 있다. 블록체인은 인터넷의 연결에 의존하고 있고, 인터넷을 통하지 않고는 실질적인 솔루션을 개발하기가 용이하지 않다. 그러나, 최근 휴대폰을 통해서도 모바일 인터넷에 접근이 가능해지는 등 인터넷 접속이 보편화되고 있다.

　이에 따라, 블록체인이든 다른 기술이든 파괴적 혁신, 즉 기술적 변혁technological disruption이 가능해지면서 특정한 문제에 대한 기술, 맥락, 사례 등이 점점 더 중요해지고 있다. 런던 소재 Provenance. org라는 스타트업은 인도네시아 북부 어부들의 휴대폰 사용이 가능한 점을 이용해 어부-가공공장-공급업체간 활용이 가능한 블록체인 서비스를 선보였다.[2]

---

2 https://www.provenance.org/tracking-tuna-on-the-blockchain

EU는 러시아와 수출입에 대한 규제를 시작하면서 낙농산업에서 우유의 생산이 초과하여 각 국별로 2015년부터 우유 생산 쿼터를 부여하면서 중국 유가공 제품 시장에 진출하는 방안을 검토했으나 위조품이 범람하여 슬로베니아의 Origin Trail이란 업체가 블록체인과 QR코드를 통해서 원산지 정보를 제공하게 하였다.

블록체인과 소비자 주권과 개인정보

블록체인은 전기나 인터넷처럼 인류 역사를 바꿀 핵심 기술 중의 하나로 수많은 사용례use cases가 생길 수 있다. 인공지능, 유전자 베이스 생명공학 등이 우리가 오랫동안 주목했던 기술이 아니라 어느날 갑자기 출현하였듯이, 사용례도 마찬가지로 생각지도 못한 것일 수 있다. 이제까지는 은행이나 페이스북, 구글 등과 같은 소셜미디어 업체나 검색업체, 미디어 업체, 정부가 신뢰성을 지키는 문지기trust gatekeeper 역할을 담당했다.

페이스북의 경우 가입자의 친구 관계, 사진, 개인정보 등을 파악하여 이를 바탕으로 상업화된 서비스를 만들어 내고 있다. 블록체인은 페이스북, 구글 중심의 개인에 관한 정보를 수집하고 이러한 빅데이터를 가공하여 광고를 하거나 비즈니스에 이용하면서도 오히려 개인이 만든 콘텐츠나 정보를 제공하는 것에 대해 이용료를 받는 시스템에 대한 근본적인 변화를 가져올 것이다. 블록체인을 이용한 다양한 어플리케이션은 탈중앙화된 P2P 기반으로 정보의 주권을 가진 소비자가 개인의 데이터를 관리할 수 있게 해준다. 블록체인 어플리케이션인 분산앱과 비트코인과 같은 암호화폐는 이러한 관계를 완전히 역전시켜 정보주권과 통제권한을 소비자에게 돌려주게 된다. 블록체인은 탈중앙화된 네트워크이므로 개인에 관한 정보를 개인이 보관하고 있어 현재 페이스북, 구글, 아마존과 같은 수없이 많은 가입자와 고객의 데이터를 축적한 기관이나 기업 사이트를 해킹하거나 변조하려는 동기를 위축시키게 된다. 블록체인상에서 해시로 암호화한 데이터를 공유하는 경우 특히 공개형 프로토콜에서 이를 해킹하거나 보안을 깨트리는 것은 매우 많은 비용이 필요하다.

이제 개인들은 블록체인의 등장으로 인해 그동안 포기했던 데이터 주권을 되찾고, 정부나 은행, 소셜미디어 등의 중개기관을 거치지 않고 직접 콘트롤할 수 있게 된다. 페이스북을 대체해서 등장할 개인들에게 그들이 보유하고 있는 정보를 요청하고 이에 상응하는 보상을 하고, 개인들은 그러한 업체 중에서 선택이 가능해진다. 그동안은 소수의 업체나 기관이 개인의 모든 정보를 장악했다면 블록체인의 등장은 개인에게 그 권한이 주어지도록 하여 매우 창의적인 사업이 가능하게 한다. 최대한 많은 개인들이 정보를 직접 통제하는 능력을 보유할 기회가 제공된다. 소수에게 정보와 부가 집중되던 불평등이 개선되고 블록체인 기술은 수많은 개인에게 직접적인 영향을 주게 된다. 인공지능, 로봇, 자동화 등은 개인에게 소수의 집중화된 기관과의 넘을 수 없는 강을 만들었지만, 블록체인은 이를 넘어갈 수 있는 다리를 제공한다고 할 수 있다.

필요시 개인들은 언제든지 자신이 블록체인화된 정보를 제공하기로 선택한 업체에서 이탈할 수 있고, 이 경우 자신의 블록체인을 바탕으로 작성된 개인 정보를 가지고 나오게 된다. 이 경우 유통망 관리supply chain management와 관련된 정보를 가지고 나가게 되면 이와 관련된 다른 개인들도 그 사실을 인지하게 된다.

Ascribe라는 블록체인 업체는 지적재산권을 블록체인으로 기록하여 누가 그것을 사용하든, 언제 사용하든 그 사용 정보를 제3자가 알 수 있게 하는 서비스를 제공한다. 지적재산권자는 이를 라이센스화 하여 사용자가 지불하는 암호화폐전자토큰를 받음으로써 보상을 받게 된다.

블록체인에 대한 관심과 투자 동향

블록체인의 장점은 신뢰와 무관한 환경에서 신뢰할 수 있는 메커니즘을 만들어낸다는 것, 가치이전에서 보안을 확보할 수 있는 것, 서로 다른 주체 간의 비즈니스 절차를 간소화하는 것, 감사가 가능하고 투명하다는 장점이 있다. 한편 최근의 수많은 ICO_{initial coin offering}의 경우 사기성이 농후한 것도 많아 2000년 초 인터넷 버블 때의 많은 IT벤처가 등장했다가 사라진 것과도 유사하다. 특히 ICO의 경우에는 관련 규제가 매우 중요하다. 미국 뉴욕 주는 암호화 관련 회사들의 허가를 규제하는 BitLicense 제도가 있다. 2017년 2사분기만 하더라도 벤처 캐피탈이 블록체인에 2.66억 달러의 투자를 했는데 ICO는 9.50억 달러에 이르러서 벤처캐피탈의 투자가 왜소해 보일 정도였다. 구글, 시티뱅크, 골드만 삭스, SBI 등 주요 업체가 투자자 명단에 포함되어 있다. ICO는 암호화폐 토큰에 대해 최초 수요자를 끌어 들인 자금으로 장래의 투자자를 불러 모으고 있다. ICO 방식의 자금 모으기_{fund raising}는 매우 성공적이어서 코인데스크의 ICO 통계 추적 자료에 따르면 2017년말 기준, ICO 펀딩이 34억 달러를 초과했다고 한다. 블록체인에 대한 투자는 2018년 정점에 도달했다가 2019년에는 한풀이 꺾이고 블록체인 업체에 대한 지분투자 형태로 변화하고 있다. CB Insights의 'Blockchain Trends Review in 2019'에 따르면 벤처캐피털의 블록체인 투자가 2017년에는 12억 달러에서 2018년 41억 달러로 급증했다가 2019년 16억 달러로 예측된다.

현 시점에서 블록체인에 대한 투자는 금융 분야에 집중되고 있

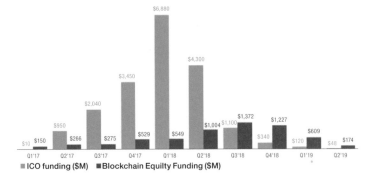

Blockchain funding sources ($M). Q1'17~Q2'19

다. 2017년 딜로이트 자료에 따르면 공개소프트웨어 기반의 블록체인 개발 플랫폼인 깃허브GitHub 상에서 86,000개의 블록체인 프로젝트가 진행 중이었다고 한다.[3] 블록체인 생태계의 구성요소 중에서 투자가 집중되는 곳은 프로토콜 계층과 프로토콜 토큰이다. 이는 다양한 플랫폼상의 사용자들을 결집하는 것으로 부가가치가 가장 많이 생기는 영역이고 블록체인 앱도 프로토콜 위에 돌아가기 때문이다. 예를 들면, AngelList와 같은 벤처 캐피탈리스트는 아직은 초기 단계의 블록체인 관련 스타트업 회사들에 투자하고 유관 인력을 조달하는 것을 주 사업으로 하고 있다.

---

3   Trujillo, Fromhart, Srinivas, 2017, Evolution of blockchain technology: insights from the GitHub platform,
     https://dupress.deloitte.com/dup-us-en/industry/financial-services/ [December 2017]

블록체인의
종류

공개형 블록체인public blockchain, **폐쇄형 블록체인**private blockchain

블록체인은 일반적으로 보안의 형태에 따라 공개형과 폐쇄형 (또는 허가형)으로 구분된다. 블록체인에 따라 사전승인permissioned 이 필요한 경우와 사전승인 불필요permissionless형이 있는데 공개형 블록체인은 공개형 사전승인 불필요 블록체인public permissionless blockchain으로 볼 수 있다. 공개형은 악의적인 의도를 가진 자를 포함해 어느 누구나 참여할 수 있고, 그 참여자에 대한 신뢰가 전제되지 않는trustless 블록체인이다. 따라서 정상적이고 정직한 행동에 대해 인센티브 메커니즘이 작동하고 이를 담보하기 위해 네트워크의 암호경제의 완전성integrity을 확보해야 한다. 비트코인에서 채굴mining을 통해 거래를 확정하도록 하고 이익을 나누는 사례에서 이를 알 수 있다. 이와 대조적으로 폐쇄형 블록체인 또는 폐쇄형 사전승인 블록체인은 신뢰할 수 있는 환경 아래에서 운영되며, 상대적으로 공개형보다는 더 안전하고, 참여자들의 정직한 행위를 유도하기 위한 인센티브를 부여할 필요가 없다. 많은 기업들이 폐쇄형 블록체인이 데이터와 거래정보의 제3자에게 노출을 방지할 수 있는 장점이 있어 이를 선호한다. 폐쇄형 블록체인에서는 서로 참여자를 알고 있고 목표를 공유하고 있으므로 인센티브를 부여하지 않고 법적 조건에 의해 책임을 지게 된다. 폐쇄형 블록체인 내에서 참여자들은 법적 책임이나 응분의 제재를 회피하기 위해 정직한 행위를 하게 된다.[4] 사전승인형에서는 모든 거래를 볼 수 있거나Read, 새로운 거래를 추가하거나Write, 장부ledger의 상태를 변경·확정하는 행위Commit 등이 일어날 수 있고 참가자들의 권한이 일부에 한정될 수 있다. 폐쇄형 블록체인이 처리 속도가 빠르고 참여자 간의 합의 알고리즘에 대한 신뢰도가 높다고는 하나, 신뢰를 배신한 참여자나 제3자에 의한 악의적이거나 사기성의 거래를 방지하는 점에서는 공개형 블록체인보다 우월하지는 않다. 폐쇄

4   Hileman & Rauchs, 2017, Global blockchain benchmarking study.
     https://www.jbs.cam.ac.uk/fileadmin/user_upload/research/centres/alternative-finance/downloads/2017-
     09-27-ccaf-globalbchain.pdf, p21.

형 블록체인의 비잔틴 장애 허용Byzantine Fault Tolerant 합의 알고리즘에 의해 장애 노드가 전체의 1/3을 넘지 않으면서 작동하게 된다.

승인불필요형 분산원장에서 거래는 블록이 상호 연결되어 있고 암호화되고encrypted, 원장은 오로지 추가하는 것만 가능하고 변경하거나 지우거나 분리할 수 없다. 블록체인의 기본원리는 거래가 생기면 동의 절차를 거쳐 변경이 일어나게 된다. 이것이 공개형 블록체인의 청사진blue print이다. 사전승인형 분산원장에서는 이런 부분에서 다소 차이가 있다. 우선 참여자의 익명성의 문제인데 폐쇄형 블록체인에서는 멤버십 카드를 보유하고 있고, 네트워크에 등록된 공개키public key와 개인키private key가 있다. 폐쇄형 블록체인에서 거래는 사적인 것이다. 누가 무엇을 거래하는지 감사할 수 있어야 하고 어떤 식으로 데이터가 처리되고 어디로 흘러가는지 알 수 있어야 한다. '채굴'을 하지 않기 때문에 사전승인형 블록체인에서의 거래와 블록체인의 변경은 훨씬 빠른 속도로 이루어진다. 하이퍼레저 패브릭Hyperledger Fabric에서는 초당 수천 건의 거래가 이루어질 수 있다. 공개형 블록체인의 경우 참가자간에 사전에 계약 관계나 상호 신뢰 여부가 없이도 코인을 인센티브 메커니즘으로 활용하는 경우와, Enterprise Ethereum Alliance처럼 이더리움 프로토콜을 활용하여 코인과 같은 인센티브가 없는 상태로도 서비스를 개발할 수도 있다. 폐쇄형 블록체인의 경우 참가자들이

	공개형 블록체인	폐쇄형 블록체인
관련 블록체인	비트코인, 이더리움	· **비즈니스용 암호화폐** : 리플, 스텔라 · **업무용** : 하이퍼레저, Corda, Chain, Quorum (암호화폐, 채굴, 분기 등이 없음)
읽기 권한	누구나 읽기 가능	허가된 기관만 읽기 가능
거래 생성자	누구나 거래생성 가능	법적 책임을 지는 기관
검증 및 승인	누구나 네트워크에 참여하고, 검증업무를 수행할 수 있음	승인된 기관과 감독기관
합의 알고리즘	작업증명, 지분증명	BFT 계열의 합의 알고리즘
권한 관리	누구나 모든 작업이 가능	Private channel, 계층 시스템을 통해 읽기·쓰기 권한관리 가능
속도	7~20 TPS	1,000 TPS 이상 고성능
스마트 계약 (비즈니스 로직)	비트코인 : 없음 이더리움 : 있음 (Solidity, Serpent)	있음(체인코드)

출처 bloter.net

제한되어 있고 상호 신뢰를 전제로 하고 있으므로 코인과 같은 인센티브 메커니즘은 불필요하다. 기업용 블록체인 솔루션의 경우에도 많은 경우 폐쇄형 블록체인이 아닌 공개형 블록체인의 특성을 활용한다. 블록체인 네트워크를 운용할 때 문제가 되는 것은 컴퓨팅 자원과 데이터를 제3자가 볼 수 있도록 할 것이냐의 문제이다. 공개형 블록체인의 경우 네트워크상의 수많은 노드에 동일한 블록체인 프로토콜을 실행해야 하므로 엄청난 컴퓨팅 자원이 소요되어 주요 제약 요소가 된다. 기업은 주요 이해 관계자나 관련 거래 상대방 정도에만 노드를 할당하면 충분한 경우가 많다.

IBM, 인텔, 클라우드 서비스를 제공하는 구글, 마이크로소프트, 아마존 등에서는 이런 블록체인 프로토콜의 실행에 소요되는 비용이 효과적이고 회복 탄력성이 높은 컴퓨팅 자원을 제공하고 있어서 탈중앙화의 P2P 모델과는 다소 생소한 느낌을 준다. 또한, 기업들은 많은 영업 비밀과 금전적 가치가 있는 데이터의 보호가 매우 중요하고 이것들이 제3자와 공유되는 것을 원하지 않는다. 사적인 정보를 보호하고, 데이터의 일부를 비공개하거나 거래 자체를 가리거나 하는 것은 법규정에 따라야 하는 경우이거나 기업 운영과 이익을 보호하기 위한 차원에서 중요하다.

폐쇄형 블록체인의 대표적인 것으로 하이퍼레저를 들 수 있다. 하이퍼레저는 리눅스 재단의 주도하에 산업 간 블록체인 기술 발전을 위해 조직된 전 세계적인 오픈 소스 협업 활동으로 하이퍼레저 패브릭, 하이퍼레저 컴포저, 하이퍼레저 인디 등 10여개 프로젝트가 현재 참여 중이다. 이중 하이퍼레저 패브릭은 블록체인 비즈니스 어플리케이션 또는 솔루션 개발을 위해 고안된 플랫폼으로 IBM이 주축으로 진행하는 하이퍼레저 프로젝트에 의해 탄생하였고, 패쇄형 블록체인 플랫폼이기 때문에 검증을 위한 코인 개념이 없고, 신원확인상 인증서를 발급 받기 위한 기능을 갖추고 있어 문제 발생시 책임의 소재를 분명하게 할 수 있다. 블록체인 내에서 형성되어 작동하는 채널을 이용해 허가받은 참여자만이 네트워크에 접속할 수 있고 장부를 읽거나 쓸 수 있다. 합의 프로토콜은 PBFT, SOLO, kafka 등이 있다.

기업에서 블록체인의 활용과 관련된 이슈

블록체인을 기업에서 활용하는 데 몇 가지 문제점을 비트코인과 이더리움으로 예를 들면 다음과 같다.

(i) 거래의 처리속도 : 비트코인의 경우 초당 7개의 거래가 처리된다transactions per second: TPS. 이더리움은 15 TPS로, 수백 TPS가 필요한 기업 거래에 적합하지 않다. 또한 거래의 확정confirmation과 블록들의 검증validation에 필요한 시간이 상당하다. 비트코인은 거래가 확정되는데 10분이 걸리고 이것이 검증되는 데는 15초가 걸린다.

(ii) 노드가 새로 생기거나 추가되는 경우에 확장성의 문제가 있다. 추가되는 노드는 수행되는 거래의 증가를 의미하고 이는 네트워크의 전산 처리 용량과 메모리 사용에 직결된다. 모든 거래의 역사를 기록하는 것은 스토리지에 영향을 준다. 비트코인의 경우 수요가 몰리는 경우 거래의 처리가 무척 정체되는 경우가 있다.

(iii) 공개형 블록체인이든 폐쇄형 블록체인이든 시작 초기에 어떤 운영구조를 갖출 것인지가 명확히 되어져야 한다. 공개형 블록

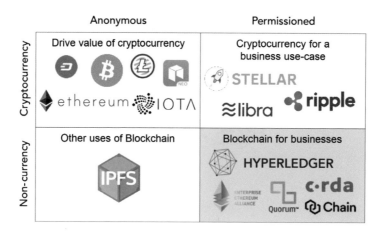

▶ 블록체인의 유형 ◀

체인에서는 익명의 참가자를 사전에 조회를 통과하지 않고, 거버 넌스운영구조의 규칙은 사회적 계약의 형태로 이루어진다. 반면, 폐쇄형 블록체인에서는 의사결정 절차가 미리 알려져 있고 조회를 통과한 참여자들이 법적으로 구속력 있는 행동강령code of conduct을 준수하여야 한다. 공개형 블록체인의 운영구조에서 51% 이상의 다수결 원칙은 충분한 채굴력이나 자금력을 가진 네트워크 참여 자들에 의해 그 규칙이 뒤집어지거나 다른 규칙이 강요될 수 있다.

(iv) 공개형 블록체인에서는 모든 거래가 모든 참가자에게 보여 지는데 이는 기업이나 경영체제에서 일부의 거래는 제한된 참여 자만이 접근할 수 있도록 할 필요가 생긴다.

블록체인
에코시스템

프로토콜 계층의 개념과 주요 이해 관계자

인터넷과 마찬가지로 블록체인은 소프트웨어 측면에서 볼 때 제일 아래로부터 프로토콜 계층protocol layer, 네트워크 계층networking layer, 어플리케이션 계층application layer의 순서로 구분할 수 있다.

각 계층별로 어떤 역할을 하며, 주요 이해 관계자stakeholder가 누구인지, 참여하는 동기가 무엇인지, 블록체인의 개발에 어떤 역할을 하는지를 살펴본다. 프로토콜 계층은 사용 대상인 블록체인의 규칙을 정하는 것으로 거래를 검증하는 것에 관한 내용으로 기초를 이루는 계층이다. 어떤 코딩 언어를 사용하고, 컴퓨팅 규칙은 어떤 것인지(노드 간의 컨센서스에 도달하는 방안, 금전을 다

▶ 블록체인의 계층도 ◀

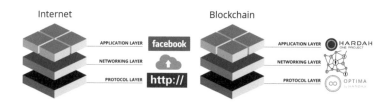

출처 HARDAH One project, hardah-one.com

루는 정책 등)에 관한 것이다. 예를 들면 자산이 어떻게 발행되고, 이전되고, 통제되는지와 해당 네트워크가 구동되는 조직의 작동 등에 관한 것이다.

블록체인의 합의 알고리즘인 작업증명도 프로토콜이다. 작업증명은 채굴을 통해 블록체인상의 거래를 입증하는 방식으로 합의를 제공한다. 몇몇 은행 간의 거래를 확인하는 데는 이미 신뢰하고 있는 몇몇 참가자들 사이의 문제로 컴퓨팅 파워가 별로 필요하지 않지만, 비트코인처럼 수많은 참가자가 관여하거나 해외 송금과 같은 소비자 앱을 블록체인 기반으로 전개하는 동적 블록체인의 경우에 작업증명은 빠르고, 저렴하고, 효율적으로 여러 노드가 동시에 수많은 거래를 실시간 처리를 입증해야 하므로 매우 집중도가 높은 컴퓨팅 파워를 필요로 하게 된다.

프로토콜 계층에 관련된 또 다른 알고리즘으로 지분증명이나 경과시간증명proof-of-elapsed-time 등이 있다.

프로토콜 계층에서 가장 주요한 이해 관계자는 개발자이다. 개발자는 새로운 프로토콜을 만들고, 수정 개선하고, 다른 계층들이 잘 작동하도록 한다. 프로토콜 계층에서 개발자는 공개형 블록체인인지, 폐쇄형 블록체인인지에 따라 달라진다. 암호화폐전자토큰와 연관된 전형적인 공개형 블록체인에서 개발자들은 공개 소프트웨어를 사용하여 개발한다.

비트코인 프로토콜의 경우 컨센서스를 통해 업그레이드가 이루어지지만, 테조스Tezos 블록체인의 경우에는 입그레이드가 투표를 통해 이루어진다. 많은 개발자들이 호기심 때문에 참여하기도 한다. 폐쇄형 블록체인의 경우 개발자들은 해당 회사나 기관에 의해 고용되며, 공개형 블록체인과는 유지비용이나 운영을 달리하게 된다. 개발자뿐만 아니라 연구자와 교수들도 새로운 프로토콜 기술에 관심을 갖고 참여한다.

네트워크 계층의 개념과 주요 이해관계자

네트워크 계층은 해당 블록체인에 접속되는 수많은 컴퓨터와 디바이스의 통제에 관한 것이다. 블록체인이나 프로토콜에 어떻게 접근access 하는지, 서로 다른 프로토콜 간에 어떻게 거래를 확인하는지, 어떻게 거래 기록을 추적할 수 있는지에 관한 것이다. 특히 공개 소프트웨어 환경에서 개발되는 블록체인의 보안과 원상 복구력resilience이 중요한 이슈이다. 이와 유사한 과거 사례는 냅스터와 같은 음악공유 사이트의 경우 다운로드를 받아야 하는 프로그램으로 음악 파일을 만들거나 다운로드를 받을 경우 수백만 명의 사람들이 이용하게 된다. 마찬가지로 블록체인 인프라를 구축할 때도 네트워크의 본성에 주목해야 한다.

비트코인과 같은 공개형 블록체인의 경우 아주 광범위하게 펼쳐져 있는 네트워크로 전 세계에서 수만개의 노드가 거래 관련 동일 정보를 담은 한 개의 파일 카피를 동시에 구동시키고 있는 것이다. 경우에 따라서는 참여 주체의 신뢰성, 거래를 처리하는 비용의 정도, 처리 난이도 등을 감안하여 폐쇄형 블록체인으로 디자인 할 필요도 있다.

네트워크 계층의 가장 중요한 이해관계자는 노드를 운영하는 사람이다. 네트워크 노드에는 블록체인을 실행하는 소프트웨어와 이를 장착한 장비를 구비하고 있다.

컨센서스 알고리즘이 상이한 여러 가지 프로토콜과 규칙이 있으므로 어떻게 거래를 확인하느냐가 중요하다. 비트코인 블록체인의 네트워크 계층에서는 채굴자들이 노드를 운영하고 거래를 입증한다. 채굴자들은 하드웨어와 장착된 소프트웨어를 사용하여 거래를 입증하여 블록을 추가함으로써 시간이 지날수록 블록체인의 규모를 키워나간다. 비트코인에서는 첫 번째 블록이 채굴된 이래로 모든 블록의 거래 기록이 카피되어 모든 노드에 남아 있게 된다. 비트코인은 2010년 2월 이후 거래소를 통해 실제로 유통이 된 이후 2019년 5월 기준, 200기가바이트를 넘는 용량이다. 따라서 이런 전체 노드full node를 운영하려면 매우 큰 비용이 소요된다. 또 다른 네트워크 계층의 주요 이해관계자는 어떤 특정한 목적이나 가치를 추구하는 산업체와 기관들이다.

마지막으로 주요한 네트워크 계층의 이해관계자는 가장 기반인 블록체인 프로토콜에 접근 여부를 통제하는 자이다. 수많은 이용자들에게 비트코인 풀pool에 접근을 허용하는 비트코인 거래소가 이에 해당한다.

어플리케이션 계층의 개념과 주요 이해관계자

어플리케이션 계층은 특정 사용례specific use case와 이용자의 요구 사항에 관한 것이다. 이 계층에서는 블록체인을 이용하는 사용자와의 인터페이스, 사용자의 경험과 행태를 반영하는 것, 새로운 서비스와 제품을 이용하는데 불편한 점이나 애로 사항의 해결, 블록체인 서비스 제공을 통한 가치 창출과 필요시 비즈니스 모델의 변경 등을 포괄한다.

많은 기업가나 사람들은 블록체인을 이용하여 앱을 만들거나 상품과 서비스를 공급하려 한다. 회사나 기관들은 특정한 문제를 해결하기 위해 많은 기술과 툴을 사용하게 되며 블록체인이나 암호화폐는 그 중 하나이다. 해결해야 할 특정 문제에는 적기에 상품이나 서비스를 공급time to market하는 것이나 초고속 성장 등 다양한 이슈가 존재한다. 그 주요한 동기는 이윤이라고 할 수 있으나, 달성하고자 하는 어떤 목적일 경우도 있다.

어플리케이션 계층의 또 다른 이해관계자는 상품이나 서비스의 최종 사용자 또는 소비자, 특정 블록체인을 구축하기 위한 인프라와 효용을 지니는 앱을 개발하는 자금을 지원하는 투자자가 있다. 블록체인은 P2P 또는 탈중앙화된 네트워크 형상decentralized network topology으로 이루어져 있으며, 신뢰받는 제3자나 중개 기관이 불필요한 분권화된 체계이다. 중앙집권화된 시스템에서는 클라이언트-서버 네트워크로 구성되어 있고 서버가 시스템상의 모든 작동을 책임지는 방식이다. 이러한 방식은 전자상거래 업체인 아마존이나 알리바바, 소셜 네트워크 업체인 페이스북 등에서 보편화 되어 있다. 분산형 시스템distributed system에서는 데이터나 그 연산이 네트워크상의 많은 노드에 펼쳐져 있다. 하지만 은행의 전자금융 거래에서 알 수 있듯이 분산형 시스템에서는 모든 노드 간에 연결이 되어 있고 중심 기관이 모든 다른 노드의 거래 처리를 통제하고 있다. 탈중앙화 시스템에서는 중앙기관이 필요하지 않고 많은 노드에 통제 권한이 나누어져 있다.

모든 노드가 연결되어 있는 것은 아니고 다른 노드를 통해서 제3의 노드와 연결되기도 한다. 탈중앙화된 네트워크로서 블록체인은 컨센서스 메커니즘을 바탕으로 집단적으로 통제가 이루어진다. 이 특성이 기왕의 많은 혁신적 기술과 크게 차이나는 점이다. 많은 경우에 분산형 시스템과 탈중앙화 시스템을 혼용하여 쓰기도 한다. 블록체인은 이제까지의 중앙집중형 IT 시스템을 탈중앙화된 형태로 전환하게 한다. 주변의 휴대폰, 데스크탑 컴퓨터, 사용하지 않아 여유가 있는 컴퓨터 자원들을 활용하여 돈을 벌 수 있게 한다. 조금 더 발전하면 원격지에 소재한 참여자가 쉽게 앱과 컨텐츠를 개발하여 클라우드 컴퓨팅의 공유 사이트를 통해 자신의 지재권을 팔고 살 수 있게 되어 IT 인프라의 탈중앙화를 이룸으로써 기존의 집중화되고 전문가들과 구글, 마이크로소프트, 페이스북 등 거대 기업만의 영역이었던 부분들이 민주화가 되는 것이다.

폐쇄형 블록체인의 하이퍼레저 컨소시움의 경우 기술부분, 규제부분, 마케팅부분이 있다. 하이퍼레저 프로젝트의 경우 세계의 많은 팀들과 회사들이 서로 다른 프로토콜을 만들어내고 이 프로토콜이 어떻게 진화하는지를 하나로 묶어서 보여준다. 또한 블록체인에 관한 컴퓨터 코딩 언어나 전문적인 지식을 몰라도 어플리케이션을 만들 수 있게 하는 민주적인 측면이 있다.

이제까지의 어플리케이션을 개발하는 방식은 속도 면에서는 빨라졌으나 사실상 변화가 없었다. 코딩을 하고 이를 컴파일러에 실행하는 것이었다. 어플리케이션을 개발하는 것은 예산과 전문지식이 필요하고, 개발이 지연되는 등 많은 위험을 내포하고 있다. 그동안 많은 사용자들이 너무나 급속한 기술발전을 따라 가지 못해 쳐다만 보고 있던 많은 소비자들이 앱개발도 할 수 있는 것이다. 컨센시스Consensys라는 업체는 이더리움 소프트웨어 개발업체이자 개발 툴 제공, 관련 교육 등을 제공하고 있는데 월드와이드웹의 탈중앙화를 시현하고 분산앱의 이용과 개발을 위한 신뢰할 수 있는 분산 인프라를 구축하는 것을 지원한다. 완전 자동화된 앱개발의 시대가 도래하고 있다.

분산원장과
기술적 변혁

　블록체인과 암호화폐는 2016년과 2017년에 본격화된 분산원장
distributed ledger, 탈중앙화 원장 기술을 사용한다. 블록 단위의 데이터를 체인
처럼 연결하여 저장하고, 저장된 데이터를 모든 사용자에게 분산
하여 저장하므로 분산원장 기술Distributed Ledger Technology이라고도 불린
다. 단 블록체인은 분산원장 기술의 하위개념이라고 할 수 있다.

　전산화가 이루어지기 전에 장부는 오랜 세월동안 돈, 재산, 자산
등의 거래를 기록하기 위해 사용되어 왔다. 장부원장가 진흙에서
종이로 그리고 디지털 원장의 형태로 진화되고 있다. 분산원장이
란 거래의 기록들이 다양한 장소와 기관을 포함하는 네트워크상
에 흩어져 있는 것이다. 블록체인 기술은 공유 데이터베이스와

비슷한데, 어떤 의미에서는 분산 데이터베이스라고 할 수 있다. 여러 사람이 작성 시간이 표시된time stamped 정보를 공유하는 것이다. 따라서 데이터를 한 번 수정하면 이것이 네트워크로 전파되고 네트워크상의 모든 참여자들이 갖고 있는 장부의 카피본이 수정되게 된다. 이 과정의 처리속도는 네트워크의 유형에 따라 달라지지만 변경 내용의 전파와 반영에 수 초나 수 분이 걸릴 수도 있다. 분산원장은 암호키와 디지털 서명을 통해 공유된 원장에 접근하여 변경된 내용의 반영을 인가함으로써 거래의 보안과 정확성을 유지하게 된다. 각 분산원장에 접근을 통제하는 규칙은 사전에 동의되거나 네트워크에 의해 강제화 된다.

경영적인 맥락에서 탈중앙화는 의사결정이나 정보가 분권화되어 흩어져 있는 것을 의미하며 어떤 노드나 개인이 권한을 집중하는 것이 없는 것을 의미한다. 아래 그림에서 탈중앙화decentralized와 분산distributed 네트워크 간의 형태와 차이를 발견할 수 있다.

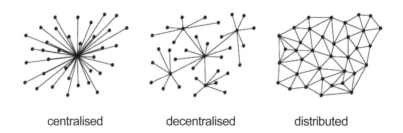

centralised   decentralised   distributed

중앙집권화된 네트워크centralized network에서는 중심 기관인 허브에 의해 관리된다. 반면 탈중앙화·분권화된 네트워크decentralized network에서는 소규모 그룹으로 구성되어 있는 여러 개의 노드에 권한이 나누어져 있다.

분산네트워크에서는 모든 노드에 권한이 분산되어 있다. 분산 원장 기술DLT 형태의 블록체인에서는 지배구조, 권한, 책임소재 등이 하나의 허브가 아니라 여러 개의 노드, 주체, 특정 조직 내의 기능 등에 흩어져있다. 탈중앙화 조직의 경우 하위 조직에 권한을 부여하는 것이 조직의 계층 질서를 존중하는 경영자의 직관과는 맞지 않을 수 있지만, 상당한 동기유발 요인이 있다. 중앙집권화된 조직은 최고경영자나 리더가 유능한 경우에는 효율적인 시스템이 될 수 있다. 그러나 현재와 같이 산업 환경이 급변하는 경우에는 지속적으로 관련 기술과 지식을 보유하는 것은 어렵고, 조직 입장에서도 이러한 소수의 직원을 골라내는 것은 상당한 위험이 따른다. 특히 중앙집권형 모델에서 의사 결정자가 자리를 비운 경우에는 병목 현상이 발생하여 생산이나 경영의 발전이 늦어지거나 기회를 놓이게 된다. 또한 이러한 역할을 맡은 소수가 전문 지식이나 현재 경영 환경에 대한 충분한 이해가 모자라면서도 의사 결정을 하는 경우, 회사나 시장과 제품 등에 관하여 현실과 유리된 유해한 결정을 하게 된다.

탈중앙화의 이익은 의사 결정의 병목 현상이 완화되어 신속한 반응이 가능하고, 아주 빠른 형태로 지속적인 변화가 발생하는 경영 환경에서 적응성과 확장성이 제고된다. 또한, 팀 구성원들에게 핵심적인 의사결정 권한을 부여하면 각자가 책임감을 가지고 좀 더 적극적으로 행동하게 되고, 조직 구성원이 가진 다양한 지식과 경험들이 공유되고 결집되기가 쉽다.

한편, 탈중앙화된 시스템에서는 서로 다른 구성원 간의 우선순위나 전체적인 목표에 대한 컨센서스가 이루어지기가 쉽지 않고, 기존의 의사 결정 권한을 가진 고위 구성원들이 권한 위임에 소극적이 될 경우 상당한 문제가 생긴다. 블록체인은 본질적으로 분권화 되어 있으며, 중간 개입자가 거래나 정보의 흐름에 끼어들지 않는다. 따라서 블록체인은 노드 간의 협력을 강화하고, 안전한 정보 공유를 가능하게 하고, 정보의 즉각적인 업데이트를 함으로써 시스템의 복원력을 제고하고, 상이한 주체 간의 신뢰를 창출할 수 있고, 정보의 창출·추적·검증·전파와 결집을 통해 수많은 기회가 생긴다.

블록체인을 운용하기 위해서는 팀 구성과 블록의 형성을 어떤 조직으로 구현하는가, 새로운 기업문화의 도입 방안, 여러 사람 간의 합의 또는 경쟁적으로 결과를 달성하는 사안에서 개인이나 그룹이 어떤 식으로 연대할 것인가를 고려해야 한다.

탈중앙화 시스템과 블록체인의 운영구조_{governance}

거버넌스는 책임성, 투명성, 반응성, 규칙에 의한 운영, 안정성을 확보하기 위해 디자인된 구조와 절차를 의미한다. 탈중앙화된 시스템에서는 고위 의사 결정자의 권위와 결정 권한이 매니저, 직원, 이해당사자에게 주어지며 책임도 분산된다. 따라서 거버넌스를 해치지 않도록 잘 디자인이 되어야 하며, 전제적인 체제가 아닌 다원주의 체제_{polyarchy}를 생각할 수 있다. 다원주의 체제는 조직을 평평하게 만들 뿐만 아니라 서로 다른 부문 간의 확실한 의사소통 통로, 직원들의 주도권을 촉진하고 옹호하는 것, 조직의 목표나 전략에 대해 브레인스토밍을 정기적으로 하는 미팅의 주기 설정 등의 문제가 있다.

빠른 속도로 변화하고 휘발성이 강한 최신의 기술과 산업동향을 감안하면 탈중앙화된 조직구조 하에서 내부의 역량이나 경험이 부족할 경우, 외부의 다양한 집단이나 온라인 커뮤니티에서 크라우드 소싱을 할 필요가 있다. 시장 연구보고서를 적시에 빠르게 파악하고, 니치마켓을 잘 포착하여, 고객에게 적시에 보다 나은 서비스나 제품을 제공하는 것이 필요하다. 다원주의 체제를 반영하여 조직의 기민성, 반응성, 창의성을 높이는 분권화된 체제를 고민하여야 한다.

21세기에 들어서 인공지능, 사물인터넷 등 기술적 변혁이 주요

주제가 되고 있다. 파괴적 혁신은 새로운 기술이나 혁신이 기존의 산업에 갑자기 침투하여 현재 정합상태status quo를 일거에 뒤집는다. 현재 기업가들의 생각·행동·학습·운영 방식을 일거에 뿌리를 뽑거나 변화시키게 된다. 파괴적 혁신, 즉 변혁을 주도한 기업들은 경쟁자들보다 성장 가능 곡선에 먼저 와 있게 된다.

온라인 상거래가 처음으로 사용되던 시기에 많은 사람들이 신용카드 사기 등을 우려하여 이를 회의적으로 바라보던 때를 지나, 이제는 가장 많은 사람이 인터넷을 이용해 구매하거나 금융거래를 한다. 그러면 언제 이런 기술적 변혁이 일어날 것인지를 예측하고, 왜 일어나고, 어떻게 적응할 것이냐가 문제가 된다. 파괴적 혁신disruptive innovation은 그동안 저평가되었던 새로운 속성이나 기술적 특징들이 기존의 고객의 수요와는 일치되지 않거나 처음에는 소비자로부터 외면을 받았던 것들이다.[5]

크리스텐슨Christensen 교수에 따르면 너무 소비자에 밀착되어 있거나 시장에 많은 종류의 상품을 제공하거나 그 특성이 복잡할 때, 의의로 훨씬 간결하고 저렴한 기술이 정착할 수 있게 된다. 파괴적 혁신 기업은 기존 제품보다는 품질은 낮지만 가격이나 편의성

---

5   J. Bower & C. Christensen, 1995, *Disruptive technologies: Catching the wave*, Harvard Business Review, 73(1): 43–53.

을 강점으로 하여 기존 제품을 대체하거나 새로운 시장은 만들어
낸다. 초기에는 품질이 낮아 고전하지만 급속한 기술 진보가 이러
한 약점을 보완하게 하여 기존의 비즈니스 모델과 기술을 고집하
던 기업과 제품을 시장에서 밀어내게 된다. 기술적 변혁의 희생자
가 되는 기업의 특징을 살펴보면, 특정 세부 분야의 고객의 요구
를 무시하거나 지나치게 공급하는 경우, 상품이나 서비스의 제살
깎아먹기를 두려워하여 새로운 기술의 채택을 주저하는 경우, 특
정 시장의 지배적인 사업자의 수지가 맞지 않는 세부시장 부문을
규모가 작고 자원이 부족한 회사가 공략하는 경우 등이다.

비트코인 프로토콜이 2008년 소개된 이래로 금융 서비스 분야
를 필두로 많은 산업 부문과 미디어의 관심을 받아 왔다. 운영을
탈중앙화하는 블록체인 기술의 변혁에 해당한다. 이용자들은 불
만이지만 오로지 한 개의 회사에게 고착되어 있거나, 젊은 고객
군들이 멀어지고 있거나, 고객들이 불편을 느끼는 서비스가 있거
나, 브랜드 로열티가 낮은 경우가 파괴적 혁신이 일어나는 하나의
징조라고 할 수 있다. 기업의 운영과 방식에 관련해서는 해당 산
업에서 몇 개의 기업이 과점을 형성하고 새로운 혁신을 받아들이
지 않거나, 회사의 상품이나 서비스가 너무 고가이거나, 기술을
이용하여 원가를 절감만 하려하고 부가가치를 추구하지 않는 경
우, 기업의 브랜드와 시장을 지배하는 조류가 잘 일치하지 않는

경우, 벤처캐피탈이 해당 분야 산업에 대한 투자 기회를 노리는 것 등이 하나의 징조가 될 수 있다.[6]

블록체인 기술 자체가 시장을 만드는 것이 아니라 이를 어떻게 적용하느냐에 따라 성장을 이룰 수 있고, 새로운 시장과 고객으로 뛰어 들어 '시장 창출형 혁신'을 이룰 수 있는 것이다. 블록체인은 파괴적 혁신을 뛰어 넘어 TCP/IP처럼 기반기술foundational technology이 될 수도 있다. 어떤 회사나 조직이 블록체인 프로토콜위에 어떤 형태의 사업이나 기능을 구현하여 가치를 창출하는 지가 중요하다. JPM, Ripple, R3 등은 이미 송금과 지불 플랫폼으로서 많은 다국적 은행과 금융기관들이 이것의 발전을 예의 주시하고 있다. 캐나다의 International Air Transport Association의 경우 2016년부터 IATA 코인, Identity Management Program 등 항공 분야의 블록체인 적용 방안을 강구 중이다.[7]

탈중앙화 플랫폼의 새로운 미래

공개형 블록체인은 특정 서비스나 솔루션의 결제를 위한 유틸리티 코인utility coin과 가치저장 기능을 가진 증권형 코인security coin으

---

6   IBM Is your company about to be *"Ubered"*? http://www-935.ibm.com/services/c-suite/study/perspectives/is-your-company-about-to-be-uberized/ [2018, January 14].

7   https://www.iata.org/publications/Documents/blockchain-in-aviation-white-paper.pdf에 백서가 소개되어 있다.

로 대표되는 암호화폐 네트워크가 중심이다. 암호화폐 경제 네트워크는 합의 메커니즘을 기반으로 하고, 합의자나 네트워크 참가자들에게 인센티브를 부여하는 전자코인전자토큰을 통해서 이루어진다. 이러한 공개형, 탈중앙화 플랫폼은 1980년대에서 2000년초에 걸친 '웹 1.0' 시대의 인터넷과 특징이 유사하다. 많은 개발자가 선의에 의해 참여하거나 기여하고, 커뮤니티 공동의 이익이 우선시 되었다. 암호경제는 기술적으로 매우 탄탄하고robust, 공개소프트웨어 기반으로 하고 있어 보안성 제고뿐만 아니라 많은 참여자들이 다양한 솔루션을 개발할 수 있게 된다.

 사례를 든다면, 2000년초 위키피디아가 엔카르타Encarta와 경쟁하여 훨씬 더 우월한 플랫폼으로 자리 잡은 사례에서도 알 수 있다. 처음 시작할 때는 엔카르타가 포괄하는 범위도 넓고 정확도도 높았으나, 위키피디아는 분산되어 있고 자발적인 커뮤니티 참여자의 기여로 인해 2005년부터 인터넷상에서 가장 유용한 레퍼런스 사전이 되었고, 엔카르타는 2009년에 서비스를 종료했다. 1920년대 영화산업 분야에서 제작은 파라마운트사, 20세기 폭스사 등에 아주 소수 영화사에 좌우되었고, 영화를 만드는 영화감독이 특정 영화사에 소속되어 있었고, 이 영화사들은 작가, 감독, 음악 제작자, 배우, 카메라 담당자, 세트 작업자들을 고용하여 월급을 주는 등 모든 분야를 집중하여 운영하였다. 이런 상황에서

스튜디오들은 영화가 성공하면 크게 돈을 벌었지만, 그 혜택이 배우나 다른 스태프에게 돌아가기는 어려웠다.

하지만 오늘날은 배우, 음악 담당자 등은 모두 특정 영화사의 소속이 아니며, 정보·지식·결정권·소유권·신뢰·가치 등이 큰 규모로 탈중앙화·분권화된 시스템이다. 주요한 최초 의사 결정자가 없는 상태에서 이런 영화 분야의 분권 시스템이 작동하는 이유는 과정이 철저히 상향식bottom-up으로 이루어지고, 네트워크상에 존재하는 사람들의 이익·선호·관계 등에 의해 추진된다.

탈중앙화된 암호화폐 경제 네트워크에서 프로토콜이나 솔루션 개발자, 이용자, 서비스 공급 사업자의 피드백을 받을 수 있고 피드백 구조도 상당히 복합적으로 이루어지게 된다. 유럽축구연맹UEFA은 Alpha wallet이라는 회사와 협업하여 '유로 2020' 티켓을 이더리움 블록체인 기반으로 판매한다. 이더리움 블록체인 기반으로 스마트 계약을 만들고 티켓 토큰 2만개를 발행한다. 스마트 계약의 티켓 구입, 추적, 보관, 판매 및 구입 티켓 재판매를 관리하게 되어 경기장이나 온라인에서 가짜 티켓을 판매하는 것을 확인할 수 있게 된다. 전 세계적으로 2019년에만 온라인으로 9억개 이상의 디지털 티켓이 판매되었고, 시장 전망이 매우 밝다. 바르셀로나 축구단에서는 '칠리스'라는 플랫폼을 기반으로 축구팬 토큰도 발행하고 있다.

PART 2
비트코인과 암호화폐 생태계

암호화폐의 기술적 요소 : 전자서명, 채굴 보상, 이중지불, 전자지갑

비트코인의 등장 배경과 의미

2008년 파생금융상품으로 인한 국제 금융위기로 인해 중앙은행의 발권시스템과 법정화폐Fiat money : 명목화폐라고도 불림에 대한 근본적인 의문이 발생하였다. 왜 중앙은행만 화폐 발행 권한을 가지고, 상업은행은 대출을 통해 사실상으로 통화량을 늘리는가?

신용경제 시스템을 망가뜨린 은행들은 아무런 책임을 지지 않고 일반 예금자, 대출을 받은 자, 투자자들만 손해를 입어야 하는지에 대한 의문에서 출발하여 최초로 개인이 모두 화폐 발행 권한을 보유하자는 취지에서 P2P 암호화폐 시스템을 만든 것이 비트코인이다.

현재까지 비트코인을 화폐로 인정할 것인지가 논란이 되고 있다. 돈이나 통화는 신뢰의 수단으로서 교환에 기여한다. 나카모토 사토시는 2008년에 비트코인은 비록 중앙은행이 발급하지 않았지만 통화라는 주장을 했다. 사토시는 비트코인은 P2P 네트워크상에서 작동되고 모든 노드들은 평등하므로 개인, 정부, 은행, 회사를 포함하여 어떤 단일 기관도 비트코인을 장악하지 못한다는 것이다. 법정화폐와는 달리 비트코인의 화폐 정책은 개방된 컴퓨터망에 의해 통제된다는 것이다. 이러한 P2P 화폐를 암호화폐cryptocurrency라고 한다. 비트코인이 처음으로 소개되었을 때 이전의 여러 가지 시도에서 발견되었던 결함을 보완한 기능적으로 완전한 암호화폐가 출시된 것이다.

비트코인이 유행하게 되자 비트코인의 몇 가지 특성을 복제한 알트코인altcoin이 등장하였다. 비트코인은 공개 소프트웨어로 작성되어 소스 코드를 볼 수 있으므로 비트코인 프로토콜에서 영감을 얻거나, 소스 코드를 다른 방식으로 작성한 것들이다. 이렇게 비트코인의 소스코드가 분기fork되어 알트코인의 프로토콜을 구성하게 된다. 알트코인은 개발자가 ICO 이전에 많은 부분을 소유하는 사전채굴pre-mining을 하고 소프트웨어 개발을 위해 일정 부분만 투자자에게 판매하여 비난을 받고 있다. 사전 채굴이 코드를 작성하는 개발자들에게 보상을 해주지만, 이 전략은 잠재적인 사용자들이 알트코인을 채택하는 것을 저해한다.

또 다른 결점은 코인 네트워크상의 멀티풀multipools 문제이다. 멀티풀은 이용자 그룹들이 컴퓨팅파워를 모아서pooling 특정 시점에서 가장 수익성이 높은 알트코인을 채굴하는 것이다. 이 방식은 채굴자에게는 도움이 될지 몰라도 채굴의 난이도가 수시로 변하고, 프로토콜을 정확하게 실행하기 위한 합의풀이 수수께끼를 어렵게 한다. 이는 합의풀이 수수께끼의 난이도가 네트워크상에서 이용 가능한 컴퓨팅 자원 또는 전체 해시 용량에 따라 결정되기 때문이며, 알트코인 네트워크는 안정화되는데 오랜 시간이 걸린다. 멀티풀의 안정성은 이 코인들의 교환가격에 영향을 미친다. 이더리움이나 리플의 XRP 같은 알트코인은 비트코인의 소스코드에서 분기된 것이 아니라 완전히 다른 코드 기반으로 실행된다.

메타코인이라고도 불리우는 새로운 코인들은 현재 비트코인에서 제공하지 않는 특성인 디지털 자산의 저장이나 이전을 가능하게 한다.

이더리움의 경우 코인, 멤버십 포인트, 금 교환 증서, 채무확약서, 게임 아이템과 같은 거래 가능한 상품들의 디지털 자산이나 토큰을 포함한다. 모든 이더리움 토큰은 사전에 정해진 ERC-20 표준을 따르고 ERC-20 토큰 표준에 부합하는 전자지갑, 고객, 스마트 계약과 호환이 가능하다.

거래의 검증Authorising transactions과 전자서명Digital Sgnature

데이터를 기록write하는 것을 허락받을 필요가 없는 공개형 블록체인의 개방형 P2P 아키텍쳐는 누구든지 네트워크에 연결되고, 현존하는 거래 데이터에 접근할 수 있고, 새로운 거래를 제출하고, 네트워크의 컴퓨팅 자원에 기여할 수 있다.

블록체인은 가치를 저장하고 이전할 수 있으므로 다음의 두 가지 기능을 할 수 있다. (i) 계정확인 : 사용자들은 자산을 보유하기 위한 특유의 확인 가능한 계정을 할당 받을 수 있다. 블록체인에서는 자산을 이전하기 전에 송신자와 수신자의 계정을 확인하기 위해서 공개키를 발급한다. (ii) 거래의 검증 : 사용자들은 자신들이 보유한 자산에 배타적으로 접근하여 소유권 이전 거래에 대한 검증을 받을 수 있다. 확인 가능한 계정과 거래의 검증은 암호화폐가 검증되지 않은 접속이나 사용으로부터 데이터를 보호하게 하는데 중추적인 역할을 한다. 실제 세계에서 열쇠와 자물쇠가 자산을 보호하는 역할을 하듯이 암호화폐에서는 전자키가 데이터를 보호하는 역할을 한다.

블록체인에서 암호화encryption와 복호화decryption는 대칭키나 비대칭 키를 사용한다. 대칭방식은 암호화 및 복호화에 동일한 키를 사용한다. 대칭키 방식은 데이터를 복호화하는데 동일한 키 값이 사용되므로 통신채널에서 키가 도난을 당하거나 가로채이는 경우가 많아 데이터를 안전하게 하는데는 한계가 있다. 비대칭 암호화는 두 개의 별개이지만 상호 보완적인 키를 사용한다. 데이터를 한 개의 키로 암호화하고 복호화는 다른 한 개의 키를 이용한다. 비대칭키는 정보 흐름에 따라 개인키→공개키(private-to-public)나 공개키→개인키(public-to-private)를 사용하게 된다. 개인키는 이메일 패스워드, 공개키는 이메일 주소라고 생각하면 이해가 쉽다.

(i) 개인키→공개키 : 송신자가 자신의 개인키로 암호화하고 수신자가 이에 해당하는 공개키로 복호화를 하여, 메시지를 보낸 자가 언급된 송신자인지를 확인한다. A가 B에게 1 비트코인을 보내기 위한 거래 전문과 해시값을 생성한 후 A의 개인키를 이용하여 해시값을 암호화하고 거래 전문과 암호화된 거래 전문의 해시값을 B에게 전송한다. B는 암호화된 해시값을 A의 공개키로 복호화 한 후 생성된 해시값과 비교하여 무결성을 검증하는 것이다. 이 방법은 메시지가 읽히는 것은 방지하지는 않고, 송신자의 신원을 검증하는 것을 가능케 한다. 개인키를 보유한 자가 유일하게 메시지를 창출할 수 있으므로 공개키를 이용하여 송신자를 확인하는 것이다.

(ii) 공개키→개인키 : 누군가가 어떤 특정 개인에게 메시지를 보내고자 하는 경우 공개키를 사용하여 데이터를 암호화한다. 데이

터를 수신한 특정 개인은 자신의 개인키로 데이터를 복호화한다. 이 방식은 송신자가 공개키로 암호화한 메시지를 이에 상응하는 개인키로 열어야 하므로 메시지의 내용을 보호할 수 있다.

비대칭키가 소유권을 확립하고 거래를 검증하는 것을 이해하기 위해서는 전자서명digital signature에 대한 이해가 필요하다. 가상이 아닌 현실의 세계에서는 자필로 서명한 경우 이는 유일무이한 것으로 인정되고, 법적인 계약이나 합의의 경우 권한이 있는 당사자가 실제 서명하였는지를 역추적할 수 있다.

블록체인에서 전자서명도 이와 유사하다. 첫째, 계정을 확인하고 둘째, 계정의 소유자가 특정한 거래 데이터의 내용을 확정하고 셋째, 거래의 이행이 승인되었다는 데이터를 거래의 역사적 기록 history에 추가하는 것이다. 전자서명은 해시값을 이용하여 개인키→공개키(private-to-public) 비대칭키를 통해 암호화한다. 이 메시지 해시값을 송신자의 개인키를 이용하여 암호화하고 이것이 전자서명이다. 이 경우 전자서명은 송신자가 자신의 고유한 개인키로 암호화를 했으므로 고유한 송신자를 역추적할 수 있고, 수신자가 특정한 송신자의 공개키로 메시지를 복호화를 하면 메시지를 암호화할 수 있는 유일한 키가 동일한 송신자의 개인키임을 입증하게 된다.

전자서명을 한 메시지가 전달이 되면 수신자는 송신자의 공개키를 이용하여 메시지를 검증할 수 있다. 첫째, 메시지의 수신자는 메시지의 해시값을 계산한다. 그 다음으로 암호화된 텍스트 또는 전자서명을 송신자의 공개키를 이용하여 복호화 하고, 그 결과 해시값이 만들어진다. 검증절차에서는 송신자의 해시값과 수신자의 해시값이 비교가 되고 이것이 완전 일치identical한다면 수신자는 '송신자의 공개키를 활용하여 복호화를 했으므로 송신자에 의해 메시지가 서명이 되었다'와 '암호화된 암호문의 해시값이 메시지의 해시값과 동일하므로 메시지의 내용이 정확하다'는 결론을 내린다.

A가 1 비트코인을 B에게로 송금한 후에 C에게도 송금하면, 이미 노드에 먼저 도착한 B에게 송금한 거래가 확정되어 블록에 추가되어 있으므로 동일한 비트코인의 C에게로의 송금이 거부되거나 무효화된다. 만약 비트코인을 B와 C에게 송금하는 것이 'mempool'이라고 불리는 임시저장소에 대기하고 있다가 동시에 처리되게 되는 경우 먼저 '6개의 확정six confirmation'을 받은 거래가 블록에 추가되고 나머지는 취소된다. 기존 5개의 블록에 하나가 추가되어 6개의 블록이 형성되면 컴퓨팅 파워상 이를 취소하는 것이 매우 어렵거나 불가능하기 때문이다. 비트코인 네트워크에서는 대략 매 10분마다 하나의 블록이 추가되므로 거래가 최종적이라고 확정되는 것은 '6개의 확정' 기준에 따라 60분이 소요된다.

암호화폐의 위변조와 이중지불double-spending

암호화폐는 실제 디지털 파일이므로 copy & send를 반복할 수 있다. 따라서 진짜인 암호화폐를 두 번 쓸 수 있다. 어떤 사람이 상품을 사고 돈을 지불하면 그 즉시 상품은 돈을 지불한 자에게로 이전되지만, 지불한 돈을 다시 한 번 사용할 수는 없다. 암호화폐는 숫자와 문자의 조합으로 복사하고 다시 붙여넣기를 하기 쉬워 같은 돈을 두 번 사용할 수도 있다. 특히 중앙집중화되지 않은 P2P 네트워크상에서 이중지불이 일어나더라도 알아채는 것이 쉽지 않다. 따라서, 이중지불 문제는 암호화폐가 해결해야할 중요한 문제이다.

비트코인은 최초로 P2P 네트워크에서 쉽게 발생할 수 있는 이중지불 문제를 해결한 암호화폐이다. 비트코인은 각각의 거래가 먼저 확정되고 과거의 거래기록이 실린 원장에 그 결과가 붙이기만 가능한 형태append-only인 장표로 작성되고, 전체 시스템의 참여자가 이를 공유하게 된다. 붙이기만 가능한 장부가 블록체인이며 보통 10분마다 시간확인 도장time stamp을 찍어 시간 순서대로 정리한 것으로 수정이 불가능하다.

비트코인 프로토콜은 네트워크상의 모든 노드가 거래의 기록이 연속된 동일한 블록 카피를 가지고 있어 전 세계 모든 지점에 흩어져 있는 모든 노드(약 만여개)에 대해 동시에 해킹하거나 사기를 치는 것은 엄청난 컴퓨팅 파워를 필요로 하므로 사실상 불가능하다. 그렇지만 양자컴퓨팅이 활성화되어 컴퓨팅 파워가 현재와 비교할 수 없을 만큼 강력해진다면 SHA-2 방식의 해시값 생성 알고리즘을 사용하는 비트코인과 같은 공개형 블록체인에서 해킹이나 사기도 가능해 질 수 있다.

화폐가 위조되거나 이중 사용이 되지 않았다는 것을 확인하는 방법은 중앙은행이나 조폐공사와 같은 공적 기관이 그 화폐를 발행하였음을 인정하거나, 화폐를 사용한 자를 계속 역추적하여 최초로 화폐를 사용한 자가 자신이 사용하였음을 인정하는 경우이다. 비트코인은 후자의 경우와 유사한 것으로 네트워크상의 모든 노드에 있는 사람들에게 비트코인을 이전하는 거래가 진실한 것인지를 물어보는 것이다. 비트코인 방식으로 이중지불 문제를 해결하기 위한 전제 조건은 (i) 물어볼 대상이 내가 원할 때 노드상에 존재하는지, (ii) 물어볼 대상이 존재하더라도 언제 답변을 해줄 것인지, (iii) 답변을 해 줄만한 이유나 인센티브가 있는지 등이 해결되어야 한다. 비트코인은 (i)과 (ii)의 전제 조건을 해결하기 위해 네트워크상의 모든 노드가 분산원장을 가지는 중복원장시스템을 통해서 문제를 해결하고, (iii)의 전제 조건을 해결하는 방안으로 채굴을 통해 비트코인을 부여하는 보상 체계를 갖추는 것이다.

채굴에 대한 보상과 전략

공개형 블록체인에서는 채굴을 통해 새로운 블록이 블록체인에 추가된다. 폐쇄형 블록체인에서는 이러한 채굴이 불필요하다. 채굴은 거래의 진실성을 확인하고, 작업증명 방식으로 퍼즐을 풀어서 블록을 추가한다. 채굴자들은 매번 새로운 블록이 블록체인에 추가될 때 마다 일정한 량의 코인을 지불받는다. 블록의 거래에 수반되는 수수료는 성공적인 채굴자에게 지불된다. 채굴의 주요한 인센티브는 얼리 어답터early adopter에게 보상이 주어진다는 점으로 이를 통해 비트코인이 임계치를 넘어설 수 있게 되었다. 비트코인이 처음 암호화폐로 등장하였을 때는 기업들이 큰 관심이 없었고 입소문을 통해서 유명해지기 시작했다. 하지만, 채굴자들이 경쟁적으로 뛰어들면서 활성화 되었고 2020년 4월 기준, 비트코인이 2,100만개 중 1,800만개가 채굴이 된 상태여서 새로운 채굴자들이 비트코인 네트워크에 진입하고 있다.

비트코인 네트워크에서 새로운 블록은 매 10분마다 12.5 비트코인이 창출채굴된다. 이더리움은 매 15분마다 5개의 이더가 채굴된다. 채굴하는 것이 쉬우면 매우 빠른 속도로 이루어져서 동시에 블록이 형성될 가능성이 높다. 이러한 문제를 해결하기 위해 비트코인은 해시값을 푸는 채굴 난이도를 조정하여 2주에 한 번씩 게시함으로써 매 21만개가 발행할 때마다 채굴이 어려워지도록 하고 약 10분마다 비트코인 블록이 형성될 수 있도록 조절을 한다. 새로운 비트코인이 창출되는 속도는 매 21만개마다 절반으로 줄어든다. 이것을 '반감半減'이라고 비트코인 커뮤니티내에서 불리어진다.

비트코인은 최초에는 채굴을 하는 경우 50 비트코인을 수여하다가, 2012년에 25 비트코인, 2016년에 12.5 비트코인으로 줄어들었다. 2020년 5월 12일이 되면 또 그 절반수준인 6.25 비트코인으로 줄어든다. 평균 4년마다 비트코인 발행량이 1/2로 감소한다. 매일 약 144개의 블록 즉 1,728개에서 1,800개의 비트코인이 창출되고 있다. 비트코인이 만들어지는 숫자는 매일 변동하지만 블록수는 대략 144개이다.

비트코인의 총량은 고정되어 있으며, 2040년 2,100만개의 비트코인이 만들어지면 더 이상 채굴이 불가능하다. 비트코인은 탈중앙화, 공개된 네트워크로 누구나 진입해서 채굴을 할 수 있다. 비트코인의 가격이 올라가고 인기가 높아짐에 따라 비트코인 네트워크에 참여해서 채굴하는 경우 더 많은 투자를 해야 한다. 블록수가 늘어남에 따라 해시의 복잡성이 증가하고, 이에 따라 퍼즐을 풀어서 채굴하는 것이 더 어려워진다. 블록체인 프로토콜에는 모든 노드들이 채굴을 하기 전에 정기적으로 퍼즐풀기의 난이도를 계산하고 결정하는 공식이 있다. 퍼즐의 난이도는 일반적으로 블록숫자로 표시되며, 일정한 시간이 지난 후인 약 2,016 블록이나 2주 후에 변한다.

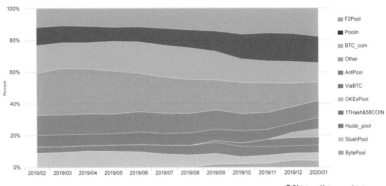

▶ 작업증명 채굴풀의 점유율 ◀

출처 https://btc.com/stats

퍼즐의 난이도가 올라가면 채굴자는 네트워크상에서 동일한 비트코인 보상을 받으려고 훨씬 더 강한 경쟁을 해야 한다. 채굴자가 한 사람 더 네트워크에 진입하면, 블록을 찾을 가능성은 그 만큼 줄어든다. 마이너 노드가 증가하면 네트워크의 해시레이트$_{hash\,rate}$가 높아지고 블록의 인터벌이 줄어들면서 비트코인이 10분보다 더 빨리 채굴될 수 있다. 이 문제를 해결하기 위해 채굴자들이 모여서 풀을 형성하여 채굴풀을 만들고 공동으로 채굴작업을 하고 채굴풀의 한 사람이 채굴에 성공하면 비트코인을 나눠 가진다.

2020년 1월의 경우 F2Pool 17.92%, Poolin 16.61%, BTC.com 11.99%, AntPool 10.68% 등 대표적인 채굴풀이 있다. 채굴에 영향

을 미치는 요소 중 가장 큰 비중은 컴퓨터를 수년간 24시간 가동하는데 소요되는 전기요금이고 기타 채굴에 필요한 GPU와 같은 고성능 그래픽 카드 하드웨어 구입비와 설치비가 소요된다. 따라서 채굴자들은 컴퓨터를 식히는 비용을 줄이기 위해 아이슬란드 등에서 채굴하기도 한다.

최근에는 전기소모량을 줄이면서 비트코인 채굴에 적합한 ASIC 칩도 개발되고 있는데, 채굴에 특화된 최소한의 기능만 갖추고 있어 다른 소프트웨어 앱을 구동시킬 수 없다.

스토리지와 전자지갑

전자지갑은 암호화폐 거래를 수행하는 일종의 소프트웨어로 블록체인 네트워크의 게이트웨이 역할을 하기도 한다. 최대한 다양한 기능을 갖춘 전자지갑의 경우 블록체인의 복사본을 저장할 수도 있다. 온라인으로 연결된 전자지갑을 '핫 왈릿hot wallet'으로 부르고 그렇지 않은 경우에는 '콜드 스토리지cold storage'로 불린다.

핫 왈릿은 거래를 수행하는 것이 필수적이고 콜드 스토리지는 사용하지 않을 때 개인키를 안전하게 보관하는 것이다. 온라인으로 연결되어 있는 핫 왈릿은 악의적인 이용자와 해킹에 노출되어 있지만 콜드 스토리지는 블록체인 네트워크에 연결되어 있지 않아 해킹으로부터 안전하다.

전자지갑은 코인을 보관하는 것이 아니라 블록체인 거래를 수행하는데 필수적인 개인키 보관, 암호화 함수와 암호화폐 거래에 필요한 API나 라이브러리 등을 내장하고 있다. 비트코인이나 다른 암호화폐는 블록체인 네트워크에 보관되어 있어 개인키를 분실하면 전자지갑의 사용이 중단된다. 암호화폐를 해킹하는 것은 거의 불가능하지만 도난을 당할 수 있다. 이러한 도난을 방지하기 위해 다중서명 전자지갑이 사용된다. 단일 서명 전자지갑의 경우 정부의 강요, 잘못된 조작이나 악성 소프트웨어 사용시 분실하거나 도난을 당할 수 있다.

BitGo와 같은 업체는 3개의 키를 발행하여 한 개는 사용자에게 나누어주고 또 다른 키는 보관소에 두고, 제3의 키는 BitGo가 보관하면서 일정 조건하의 코인 거래에 대해 서명을 하는 two-out-of-three system을 운영한다. 전자지갑 호스팅 서비스를 제공하는 업체들도 출현하고 있다.

이 서비스의 장점은 소프트웨어를 다운로드 받거나 설치할 필요가 없는 것이다. 하지만, 호스팅 서비스를 이용하기 위해서 불가피하게 자신의 전자지갑을 본인만이 안전하게 관리하는 권한을 넘겨줘야 한다. 전자지갑 호스팅 서비스 업체의 규모가 성장하고 성숙해짐에 따라 단일 사용자 전자지갑보다 나은 암호화폐 거래의 안전성을 제고하고 있다.

암호화폐를 사용하는 지불 서비스

암호화폐의 인기가 상승하고 이를 채택하는 경우도 늘어나고 있지만, 아직은 암호화폐로 상품이나 서비스의 대금을 받는 경우가 많지 않다. 암호화폐가 지불 수단으로 채택되는 비율이 낮아 규모가 확산되지 않는 것은 다음과 같은 몇 가지 위험요소가 존재하기 때문이다.

(i) 전자화폐는 가격변동으로 인한 휘발성이 높아 상품이나 서비스의 가격을 확정하는데 애로가 있다.

(ii) 판매현장의 지불확인 기계인 POS 장치 등이 암호화폐를 통한 지불을 처리할 수 없고, 설령 그런 장비가 나온다 해도 현재의 시스템을 업그레이드 하는데 큰 비용이 소모된다.

(iii) 비트코인 거래가 확정되는 데는 '6개의 확정' 룰에 따라 약 1시간이 소요된다. 만일 해당 네트워크에 많은 비트코인을 이용한 지불거래가 많이 발생하면 수 시간이 소요될 수도 있다.

(iv) 법정화폐와 마찬가지로 암호화폐도 마약거래, 탈세, 증여세 회피나 불법행위 등의 범죄 목적이나 자금세탁 등에 사용될 수 있다. 러시아는 암호화폐의 사용을 금지하고, 유럽은 자금세탁방지법을 암호화폐 거래에 관련된 회사에 적용하고 있다.

(v) 은행의 보호를 받는 법정화폐나 자금 거래와는 달리 암호화폐는 전자지갑의 개인키 보관의 안전 문제로 해킹에 취약하다.

코인베이스와 같은 업체는 이러한 암호화폐의 취약점을 극복하기 위해 비즈니스 관련자들이 암호화폐를 즉각 받아들일 수 있도록 하는 지급중개서비스를 제공한다.

BitPay, Manaco, Plutus 같은 스타트업은 현지 통화로 사전지불카드prepaid card를 발급하고 이에 연동하여 암호화폐를 교환해주는 서비스를 제공하기 시작했다.

암호화폐의
유통과 규제문제

암호화폐 유통과 공개ICO : Initial Coin Offering

　암호화폐 거래소는 비트코인 등을 다른 암호화폐나 법정화폐로 교환하는 게이트웨이 역할을 한다. 암호화폐 거래소를 통해서 채굴자가 아니더라도 비트코인을 가질 수 있고, 많은 비용을 써서 채굴한 자들은 비트코인을 법정화폐로 바꿀 수 있게 된다.

　비트코인 외에 수많은 알트코인이 존재한다. 암호화폐 거래소의 투자거래자는 사고팔면서 암호화폐의 가격을 형성하는데 종종 가격변동이 매우 크다. 암호화폐 거래소에 등록을 하려면 신분증과 고객의 은행계좌를 제출하여 확인을 받아야 한다. 일단 고객이 진실성을 확인받으면 거래소용 전자지갑을 만들고 법정

화폐 또는 암호화폐를 넣고(load) 투자 거래를 시작한다. 거래소
는 개인키를 소장한 전자지갑을 제공하고 즉시 코인을 사고 팔
수 있다. 어떤 거래소는 거래를 쉽게 하기 위해 고객에게 코인을
저축하도록 하는데 Mt Gox 사례에서 보듯이 고객의 코인을 유
용할 수도 있다. 암호화폐를 팔고자 하는 고객은 합의된 가격에
먼저 코인을 전자지갑으로 옮긴다. 그러면 거래소가 해당 코인을
그 법정화폐 표시 가격으로 사고자하는 구매자에게 코인을 전달
한 후, 코인 판매자의 은행계좌로 교환금액을 보내주게 된다.

Coin.market에 따르면 암호화폐 거래소는 BW, Binance,
Bitforex, Cointiger 등 수백개가 존재한다. CoinMarketCap 사이트
는 암호화폐의 가치 변동에 관한 가장 최신 정보를 제공한다.[8] 많은

▶ **암호화폐의 시가총액 순위와 합의 알고리즘(2020년 1월 21일 기준)** ◀

	#	Name	Market Cap		#	Name	Market Cap
PoW	1	Bitcoin	$157,523,327,976	PoS	11	Cardano	$1,133,667,715
PoW+PoS	2	Ethereum	$18,237,664,973	PoW	12	Monero	$1,132,339,953
BFT	3	XRP	$10,173,030,507	DPoS	13	TRON	$1,110,529,913
PoW	4	Bitcoin Cash	$6,324,111,387	PoS	14	Tezos	$1,049,197,574
PoW	5	Bitcoin SV	$5,514,168,411	PoW	15	Ethereum Classic	$1,033,632,329
PoS	6	Tether	$4,642,239,400	PoW+PoS	16	Dash	$1,025,878,916
PoW	7	Litecoin	$3,703,645,030		17	Chainlink	$942,976,348
DPoS	8	EOS	$3,489,493,081	PoW	18	UNUS SED LEO	$888,524,224
BFT+PoS	9	Binance Coin	$2,703,188,581	BFTPoS	19	Cosmos	$867,402,795
BFT	10	Stellar	$1,257,162,885	dBFT	20	Neo	$793,931,677

출처 이흥노, GIST, "Consensus mechanism in major cryptocurriencies"

경제권에서 암호화폐 가치의 큰 변동성 문제로 인해 비트코인과 다른 암호화폐의 가치저장 수단이 될 수 있는지에 대한 의문을 가지고 있다.

ICO는 스타트업이 암호화폐를 내세워 크라우드 펀딩을 하는 것이다. 해당 회사는 크라우드펀딩 참가자들에게 새로운 암호화폐를 토큰 형태로 발행하면서 비트코인이나 이더리움과 같은 유명한 암호화폐로 가치 표시를 하면서 자금을 조달하는 것이다. 비트코인 보유자의 상당수는 기존의 주식시장이나 거래 당국을 믿지 않고 비트코인만이 아니라 다른 형태의 암호화폐로 다변화하려는 유인이 많다. ICO는 토큰이 회사의 지분을 표시하는 것인데 주식시장에 상장하는 IPO와 상당히 유사하다. 미국 증권감독위원회의 규제를 피해가기 위해 어떤 ICO는 이 업체가 장래에 할인된 가격으로 제공하는 형태인 사전 판매형 토큰pre-sold token을 발행한다. 이 과정에서 어떤 업체들은 정직하지 않게 발행을 하고 이것이 사기나 협잡으로 종결되는 경우도 있다. 많은 ICO가 제대로 된 관리팀을 갖추고 상품이나 서비스를 염두에 둔 블록체인 프로토콜 기반의 전자토큰을 발행하는 것이 아닌 단순한 사업계획

---

8   CoinMarketCap.com의 2019. 12. 31 자료에 따르면 비트코인 1,320억$, 이더리움 144억$, XRP 84억$, 테더 41억$, 비트코인 캐쉬 38억$, Litecoin 27억$, EOS 24억$, Binance Coin 21억$, 비트코인 SV 17억$로 10억 달러 이상의 시가총액을 가진 코인이 7개이다.

서인 백서white paper에 지나지 않는 경우가 많았다. 2017년 미국 증권감독위원회는 이런 문제를 감안하여 ICO 가이드라인을 만들었다. ICO가 붐을 이루자 상당히 큰 나라의 금융당국들이 이러한 ICO에서 발생하는 특유의 위험 상황에 대해 주목하기 시작했다. 중국, 한국, 러시아는 ICO 자체를 전면 금지했다. 모리셔스나 케이만 군도는 모든 형태의 ICO를 자유롭게 할 수 있도록 허용했다. ICO에서 증권형 토큰security token과 유틸리티 토큰utility token이 있다. 증권형 토큰은 주식이나 회사채와 같은 형태이고 유틸리티 토큰은 어떤 회사가 제공하는 상품이나 서비스를 이용하는 권한을 부여하는 것이다. 증권형 토큰이 대상으로 하는 자산은 증권, 채권, 부동산, 금·석유·예술품 등 대체 자산, 파생금융 상품 등이다. 통상의 증권 거래가 확정되는데는 2일 정도가 걸리고 주식을 사고파는 자와 연결된 증권 회사, 증권 수탁기관, 증권 거래소, 그리고 상호간의 거래 기록이 담긴 장부를 제3자가 확인하는 과정 등을 포함하고 있다. 그러나 이를 증권형 코인으로 대체를 하면 거래 비용도 대폭 낮아지고 거래 시간도 무척 짧아지고 24시간 거래가 가능하다. 따라서, 증권형 코인의 ICO나 거래가 외국에서는 활발히 일어나고 있다.

ICO에 투자할지 여부를 판단하는데 있어서 중요한 것은 해당 업체가 단순히 사업계획서만 가지고 있는지, 블록체인 프로토콜을 개발하고 있는 실체가 있는지를 확인하는 것이다. 대부분의 ICO는 특성상 증권형 토큰이며, 본인이 직접 제대로 된 ICO를 한다고 가정하면서 확인하는 것이 바람직하다. 제대로 된 통합 사업계획서가 있는지, 암호화폐의 기반으로 어느 블록체인 프로토콜을 이용할 것인지, ICO 이전에 초기 자금조달을 하고 있는지, 이 초기 자금조달이 지분에 대한 합의SAFE: simple agreement for future equity인지, 미래에 ICO 가격보다 할인된 가격으로 토큰을 살 수 있는 지에 관한 합의SAFT: simple agreement for future token인지, SAFT가 이루어지고 난 후에 ICO 전에 다시 상당한 퍼센트의 토큰을 다소 할인된 가격으로 판매하고 있는지를 확인해야 한다. 이러한 기관 투자가들의 ICO 이전의 토큰에 대한 투자는 ICO를 할 때 안정감을 주게 되고 안전판을 제공한다. ICO는 기술의 발전에 따라 변화할 것이고 이런 추세를 유의 깊게 살펴보아야 한다.

ICO는 기존의 사모펀드, 엔젤투자, 벤처캐피탈의 투자와는 다른 대체 자금모금 방식으로 실리콘밸리, 뉴욕, 런던과 같은 금융 중심지를 벗어난 탈중앙화된 자금조달에 긍정적인 역할을 한다.

블록체인 경제와 암호화폐

블록체인의 활성화를 위해서는 암호화폐가 필수적이다. 블록체인 경제는 디지털 자산을 스마트 계약으로 이행하고 그 지불 수단이 암호화폐인 것이다.

암호화폐는 디지털 자산의 거래 시장을 활성화하는 역할을 한다. 디지털 자산에는 과거 보험가입 기록이나 분석 등과 관련된 정보, 컨텐츠, 저작권, 접근권, 암호화폐 등이 포함된다. 암호화폐는 공개형 블록체인에서는 채굴 보상금 성격이 있고, 전반적으로는 디지털 자산의 가치저장과 거래의 지불 수단이다. 비트코인은 암호화폐 경제의 기축통화의 역할을 할 것이다. 그동안 구글이나 페이스북 등에서 서비스 이용자의 데이터를 가공하거나 분석하여 가치를 제고한 후에 광고를 붙이거나 맞춤형 컨텐츠나 서비스로 가공하여 정보 제공자인 이용자에게 다시 판매하고 있다. 물론 비트코인은 분산앱과 별개로 하나의 증권형 자산이고 화폐의 성격을 가지고 있다. 블록체인 기반으로 금융, 물류·유통, 구매, 에너지, 의료 정보 등의 산업을 활성화하기 위해서는 전자토큰이 필요하고 이것이 암호화폐 경제인 것이다.

암호화폐 경제의 핵심적인 효용은 난이도가 낮은 일을 하면서 중개 기관으로서 높은 수수료를 받는 기업을 도태시키고, 데이터 자산의 형성에 기여한 소비자들이 이를 직접 통제하고 권리를 보유하고 정당한 대가를 받는 것이다. 블록체인을 기반으로 토큰을 만들어서 제공하는 것은 자금 전달과 송금 분야에서 보편적으로 사용된다. 가치 창출, 가치저장, 가치 전달의 수단으로 암호화폐가 이용되지만 아직 법정화폐와 같이 이용되기에는 몇 가지 기술적인 문제 등으로 인해 소매 유통망에서 비트코인의 활용 등은 제한적이다. 그렇지만 비트코인에서 분기된 알트코인 등이 추가로 개발되면서 문지기 역할을 하는 중간 금융기관의 개입이 없이도 화폐가치를 전달할 수 있게 되고, 한편으로는 훨씬 더 빠르고 안전하게 송금할 수 있게 되었다.

금융 업무에 있어서 은행의 역할을 할 수 있을 뿐만 아니라 증권거래소의 역할을 할 수도 있다. 증권거래소는 매일 증권 계좌를 통해 거래된 내역을 청산하여 중앙집중화된 장부에 기록을 하게 된다. 하지만 이런 거래 기록이 담긴 원장이 실시간으로 청산되지는 않는다. 이런 점에서 블록체인이 즉시 청산과 거래 기록 추적, 상대방에 대한 신뢰가 없는 상태에서도 거래 성사 등의 역할을 할 수 있다. 블록체인의 금융 분야에서의 활용은 모든 비즈니스 분야가 아닌 부분적으로 일어날 것이다. 몇몇 회사들은 블록체인 기반의 솔루션을 사용하여 사업을 재창조하거나 업그레이드를 시킬 것이지만, 많은 기업들은 이런 탈중앙화가 적절하지 않을 수 있다.

P2P 경제 생태계를 활성화하기 위해서는 유용한 분산앱이 많아야 하고 모든 분산앱에는 이와 매칭이 되는 전자토큰이 있어야 하지만, 우리나라의 경우 분산앱만 만들고 암호화폐전자코인를 사용하지 못하게 막는 것은 절름발이식 접근이다. 한국에 국한되는

블록체인이 아니고 전 세계적으로 전개되는 블록체인 서비스나 솔루션의 경우 전자코인이 필요한 점을 간과하고 있다. TCP/IP 기반의 현행 인터넷의 모든 업무가 P2P 기반의 블록체인으로 전환되는데 있어서 암호화폐는 필수 불가결하다.

암호화폐와 자금세탁 규제 문제

비트코인은 개인간P2P 거래가 가능하고 거래소에서 구매할 수 있으며, 개인을 식별할 수 있는 구분자가 없는 전자지갑디지털 은행 계좌을 통해 거래할 수 있다. 통상 규제 당국은 통제가 어려운 금융 상품의 존재를 잘 받아들이지 않는다. 비트코인의 경우에도 수많은 규제 이슈가 상존하고, 각 국의 규제 기관의 암호화폐에 대한 태도는 한국·중국처럼 신규 ICO를 금지하는 극단적인 경우부터 싱가포르처럼 비트코인과 블록체인 어플리케이션에 대해 적극적인 정책을 취하는 경우도 있다.

토론토 증권거래소Toronto Stock Exchange, 스위스처럼 비트코인의 메카가 되겠다는 나라까지 다양하다. 미국의 경우에는 주 정부, 연방 정부별로 규제가 다양하고 증권이나 선물거래 관련 기관별로도 규제가 일관되지는 않는다. 미국 연방증권위원회(SEC)는 2017년 7월 ICO에 대하여 연방증권법 적용을 발표하고, 2018년 3월에 디지털 자산의 거래 서비스를 제공하는 가상통화 플랫폼에 대해서 증권거래 규정을 적용할 수 있다고 발표하였다. 한편, 일본의 경우 매우 적극적으로 암호화폐 시장을 활성화하려는 차원에서 선제적으로 제도 마련을 추진하고 있는데, 2016년 6월 자금결제법을 개정하여 암호화폐를 결제 수단으로 인정하고 암호화폐 거래소 등록제를 시행하였고, 2019년 3월 증권형 토큰의 ICO에 대해서 금융상품거래법을 적용하기로 하였다.

한국은 2017년 9월 ICO에 대한 포괄적 규제 방침을 밝힌 이후, 정부의 구체적인 가이드라인 조차도 부재한 상태에서, 블록체인 관련 단체의 난립으로 민간의 자율규제안도 부실하고 실효성이 떨어졌다. 증권·부동산 등 자산을 토큰화 하는 것이 큰 트렌드이고, 블록체인 기술이 효과적으로 사용될 수 있는 분야이지만, 규제 당국에서는 투자자 보호의 문제로 인하여 여전히 엄격한 기준을 채택·적용하고 있다. 해외의 경우 유연한 기준과 절차를 증권형 자산의 토큰화STO: Security Token Offering가 가능한 국가가 늘어나고 있다. 일부 금융 선진국의 경우 별도의 STO 절차를 마련하고는 있으나 절차가 간단하지는 않고, 기존의 법체제 하에서 면제 절차가 활용되고 있다. 이러한 이유로 ICO 프로젝트는 대폭 감소하고 있고 성공한 ICO 사례도 매우 적다. 암호화폐에 대한 투자 유치가 어려워짐에 따라 블록체인 개발 및 서비스 업체에 대한 지분equity 투자로 선회하고 있다.

규제 당국은 암호화폐에 대해서 어떻게 이해를 하고 기존의 규정이나 규제를 어떻게 적용할 지에 대해서 고민을 하고 있다. 비트코인의 경우에도 미국 연방증권거래소Security Exchange Council, 중앙은행인 연방준비위원회Federal Reserve Board나 한국의 금융위원회와 같은 규제 기관, 기존의 대형 은행과 다른 금융기관들이 연관되어 있으며, 이런 구조에서 비트코인이 어떻게 작동하도록 하고, 관련 기관들은 이를 어떻게 받아들일지가 중요하다. 특히 비트코인 거래를 시작하려는 작은 벤처기업들의 경우 기존의 은행 및 금융 프레임워크에 참여하는 문제나 자금 세탁 등의 이슈가 제기되고, 사실상 배제되어 있던 시장에서 기존의 강고한 틀을 뚫고 소규모 업체가 진출하기는 매우 어렵다. 따라서 이런 벤처 기업들의 공통적인 문제점을 해소하고, 기존 틀과의 갭을 매워주고, 서로 다른 국가나 기관의 규제하에서 거의 동일한 사업을 추진하는 것을 도와주는 업체나 기관의 필요성이 대두된다.

예를 들면, Paycase라는 업체는 국경 간의 송금을 좀 더 효율적으로, 큰 금융기관의 개입이나 통제가 없이, 금융 관련 규제를 위반하지 않으면서, 은행계좌를 가지고 있지 않은 많은 개도국 이용자들이 송금 서비스의 혜택을 누리도록 하는 것을 위해 노력하고 있다.

규제 당국은 암호화폐를 포함한 블록체인에 대해서 포지티브 방식과 네거티브 방식의 규제를 감안할 수 있다. 포지티브 규제는 허용되는 블록체인 어플리케이션을 지정하고 생각할 수 있는 모든 상황에 적합한 규칙들을 제정해야 한다. 생각 가능한 환경과 조건에서 허용 가능한 항목을 순서에 따라 체크하는 방식으로 법과 규정의 준수 여부를 점검하므로 매우 복잡하다. 네거티브 방식의 규제는 블록체인과 어플리케이션에 대해 원칙을 설정하고, 이 원칙에 맞게 이행하는지를 해석하는 것으로 볼 수 있다.

아직은 블록체인의 프로토콜도 다양하지 않고 어플리케이션도 부족한 만큼, 허용되지 않는 것을 세부적으로 열거하기보다는 몇 가지 원칙에 맞는지를 볼 수밖에 없다. 이러한 원칙에는 주요 이해관계자뿐만 아니라 모든 이해관계인에게도 적합한지, 시장의 혼란을 초래하지 않도록 투명하고 신뢰할 수 있는지, 블록체인 사업자와 경쟁하게 되는 기존 사업자와 공정하게 경쟁을 할 수 있는 여건인지, 새로운 혁신을 가져오는지, 규제 당국에서 볼 때 당초 기대한 성과나 결과물이 나올 수 있는지 등을 포함한다.

현대의 금융 규제는 자본 규제·유동성 규제·레버리지 규제 등으로 금융기관이 망하는 것을 방지하거나 회생 정리 계획·채권자 손실 분담 등 망하는 경우에도 연착륙을 하도록 하는 건전성 규제prudential regulation, 부정 공시 처벌·보험 등의 불완전 판매에 대한 벌금 부과 등 소비자 보호 규제customer protection, 금융기관이 고객의 모든 정보를 보유하는 고객확인Know Your Customer을 하고, 수상하면 바로

의심거래STR : Suspicious Transaction Report나 고액 현금거래CTR : Currency Transaction Report를 보고하고 마약·조직 범죄·부패 목적의 자금세탁과 알 카에다 등의 테러 단체의 자금 조달을 방지하는 자금세탁 방지 및 테러방지 규제Anti Money Laundering and Counter Terrorist Financing를 주축으로 하고 있다.

국제자금세탁방지기구FATF : Financial Action Task Force는 자금세탁 및 테러자금조달 방지를 목적으로 하는 국제기구로, 1989년 G-7 정상회의에서 합의하여 1990년 창설되었다. 한국은 2009년에 가입하였고 현재 37개국이 회원국이다. 국제자금세탁방지기구는 회원국의 권고사항에 대한 이행 정도를 주기적으로 평가하고, 평가 결과에 따라 회원국 자격 박탈과 추가 제재를 부과하는 실질적으로 강력한 국제기구이다. 이러한 권고 사항에는 기존의 KYC, STR, CTR 뿐만 아니라 2016년부터 제1금융권을 시작으로 위험 요소를 도출하고, 이를 190여개의 지표를 제시하여 매 분기마다 자체 평가를 하고 위험경감 활동을 지속적으로 하게 하는 RBARisk Based Approach를 실시함으로써 준법 의무를 이행하는 과정을 중시하는 규제를 실시하고 있다. RBA 위험평가시스템은 사후 처리 시스템의 한계를 극복하고 결과보다는 과정을 중심으로 내부 통제를 통해 위험에 대한 예방을 하겠다는 취지이다.

2019년 6월 국제자금세탁방지기구는 RBA를 기본으로 가상 자산VA 및 가상자산 취급업자VASP 대상 자금세탁방지 권고안인

'Guidance for a RISK-BASED Approach to Virtual Asset and Virtual Asset Service Providers'를 발표하였다. 주요 골자는 가상자산암호화폐을 재산·수익 등과 같은 개념으로 간주하고, 가상자산 취급업소암호화폐 거래소 등에 금융회사에 준하는 기준을 적용하고, 적합한 고객 신원확인KYC, 강화된 고객확인Enhanced Due Diligence, EDD, 거래 모니터링, 의심행동보고 등 자금세탁을 방지하는데 필수적인 요소들을 명시했다. 또한, 거래소나 전자지갑 서비스 회사들은 사용자 신원확인 및 정보 보관 외에도 은행들처럼 전자코인이 주인을 바꿔가며 이동하는 전체 과정에서 코인을 소유하고 거래에 관여하는 당사자가 누구인지 신원과 '여행 목적'을 모두 기록하고 확인해 요청시 감독 당국에 제공해야 한다는 Travel Rule자금이동규칙의 준수를 요구하고 있다. 이에 따라 국회에서 『특정금융거래정보의 보고 및 이용 등에 관한 법률특금법』 개정안이 계류 중인데, 가상자산 사업자암호화폐 거래소는 금융정보분석원FIU에 상호와 대표자 이름을 신고해야 하고, ISMS 인증을 획득하지 못하거나 실명 입출금 계좌를 사용하지 않는 경우 금융정보분석원은 신고를 거절할 수 있고, 거래소 자산과 고객 자산을 한 계좌에 담지 말고, 벌집 계좌를 통해 한 계좌로 여러 고객 자산을 입출금 하는 행위를 자제할 것 등을 주요 골자로 하고 있다. 이 법안이 통과되면, 금융정보분석원의 『자금세탁방지 및 공중협박자금조달금지에 관한 업무

규정』 및 『금융회사 AML/CFT 위험기반접근법 처리기준』에 따라 자금세탁 방지 의무를 이행해야 한다.

Travel Rule은 전자코인 실명제나 다름이 없어 탈중앙화와 익명성을 추구하는 블록체인의 철학과 충돌이 되고 있다. 1993년 금융실명제가 실시되어 많은 음성적 자금이 양성화 되었는데, 이와 같은 전자지갑 실명제인 Travel Rule을 준수하면서 기술적인 한계를 극복하는 대안을 마련하는 것이 시급하다. 규제 당국이 블록체인이나 비트코인과 관련하여 특히 신경을 쓰는 것은 암호화폐를 통해 불법적인 마약 등이 거래되거나, 자금을 세탁하거나 탈세에 사용할 경우 추적이 가능하고 처벌이 가능한가이다. 또한, 미국의 입장에서는 달러를 통한 국제 결제망SWIFT과 달러의 기축통화 지위에 대한 도전이다. 2013년 10월 FBI는 비트코인으로 마약 등 불법적인 거래를 하는 암시장 거래사이트인 '실크로드'를 폐쇄하고 당시 360만 달러 규모의 14만여 개의 비트코인을 압수했다.

익명 화폐Anonymous Coins [9)]와 규제 문제

비트코인은 임의의 주소로 거래되지만 거래의 흔적이 블록에 기록되어 있으므로 일반인들의 생각과는 다르게 비트코인 탐색기를 통해서 추적이 가능하다. 따라서 익명Anonymous이라기보다는 가명pseudonym에 가깝다. 따라서 불법적인 암거래나 범죄 목적을 가진 사람들이 소유주가 다른 여러 개의 비트코인을 묶어서 전송하고 수신자들도 섞여 있어서 누가 얼마나 코인을 수령했는지를 알지 못하게 하는 코인 믹싱coin mixing을 통해 익명성을 강화하려는 시도가 이어지고 있다. 이 경우에 참여자가 많을수록 금액이 클수록 익명성이 더 높아진다. 해킹이나 사기를 통해 편취한 자금을 믹서를 이용해서 세탁하는 경우가 많다.

초기에는 제3의 중개자에게 맡기는 방식으로 진행하다가, 2013년 coinjoin이라는 P2P 믹싱으로 발전하였다. 이후 2014년 1월 XCoin이라는 이름으로 출시되었다가, 2015년 3월 DASH라는 이름으로 재탄생한 익명화폐는 P2P 믹싱에서 사용자들끼리 합의한 주소에서 코인을 믹싱하던 것을 대체하여 마스터노드가 믹싱을 해줌으로써 수신자는 원 송금자를 알 수 없게 된다. 그러나 추적이 기하급수적으로 어려워지지만 여전히 불가능하지는 않다. 그 결과 2014년 4월에 태생부터 익명화폐인 모네로monero가 나타나서 입출금의 익명성을 보장하게 되었다. 모네로는 거래마다 자동으로 생성되는 일회용 주소를 사용하여 수신자를 알 수 없게 한다. 또한 송신자를 포함한 여러 사용자의 공개키를 사용하여 디지털 서명도 연대하여 하게 되어있다. 이러한 서명을 링ring 서명이라고 한다.

---

9 이 부분은 https://steemit.com/kr/@keepit/keepit-history-1, -2, -3을 주로 인용

익명화폐의 최고의 기술력을 자랑하는 지캐시z cash는 2013년 Zooko Wilcox가 제로코인이라는 이름으로 만들었고, 2016년 10월 지캐시의 제네시스 블록이 만들어졌다. 비트코인과 발행량, 반감기는 동일하지만 영지식증명Zero Knowledge Proof을 제시하여 DASH의 마스터노드 믹싱과 모네로의 링서명으로 인한 거래 주체의 불투명성을 극복했다. 영지식증명은 어떤 지식이 참이라는 것을 증명하고자 하는 증명자인 P(prover)와 증명 과정에 참여하여 P와 정보를 교환하고 P의 증명이 사실임을 확인하는 검증자인 V(verifier)간의 문장의 내용이 참, 거짓 여부를 제외한 어떤 것도 노출되지 않는 방식의 증명이다.

예를 들어 설명하면, 동굴내에 두 갈래로 A, B 길을 내어 양 끝에서 만나게 하고 A, B 통로의 양 끝을 비밀의 문으로 막은 상태이다. V(남자)는 동굴 밖에서 있으면서 P(여자)가 보이지 않은 상태이다. P는 비밀의 문을 열 수 있는 진실의 열쇠를 가지고 B 통로로 들어가 있다. 이후 V는 P가 어느 통로로 움직였는지 알 수 없는 상태에서, 동굴 밖에서 임의로 선택한 A 통로 입구로 진입하여 P를 부를 때, P는 B 통로 앞의 비밀의 문을 진실의 열쇠로 열고 A 통로로 나온다. P는 자기가 보유한 열쇠가 진실임을 입증하게 된다. 한편, P가 운이 좋아서 A 통로로 움직여서 서 있을 수도 있다. 진실성 검증을 위해 이 과정을 수차례 반복할 필요가 있다.

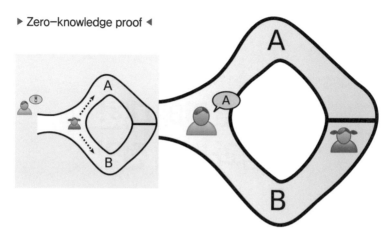

▶ Zero-knowledge proof ◀

출처 http://en.wikipedia.org/wiki/File:Zkip_alibabal.png

이후에도 V는 임의로 선택한 통로로 가서 P를 부르고 P가 가진 열쇠가 진실참인 경우에 P는 V의 호출에 100% 제대로 응할 수 있다. 따라서 영지식증명은 기본적으로 확률의 법칙을 바탕으로 하고 있다. 이 과정을 무한 반복하면 P가 증명해야 할 명제가 참인지 거짓인지가 100%에 수렴되어 알 수 있게 된다. 이 과정에서 확률을 100%에 가깝게 하려면 엄청난 반복이 필요하고 많은 컴퓨팅 파워가 필요하다는 단점이 있다.

비트코인에 대한
관심과 미래 전망

    나카모토 사토시의 이론에 따른 비트코인이 처음 발행된 것은 2009년이다. 나카모토 사토시는 2009년도 P2P Foundation의 웹사이트의 게재글에서 중앙은행이 신뢰의 기반을 흔들어 왔고 전통적인 화폐는 이로 인해 근본적인 문제가 생겼다고 한다. 은행이 신용 버블을 만들어온 점을 강력히 비판했다.[10] 금융기관들은 비트코인에 관여하는 것을 꺼렸는데 참가자가 불특정하고 규제

---

10 "The root problem with conventional currency is all the trust that's required to make it work. The central bank must be trusted not to debase the currency, but the history of fiat currencies is full of breaches of that trust. Banks must be trusted to hold our money and transfer it electronically, but they lend it out in waves of credit bubbles with barely a fraction in reserve. We have to trust them with our privacy, trust them not to let identity thieves drain our accounts. Their massive overhead costs make micropayments impossible. Bitcoin open source implementation of P2P currency"
Posted by Satoshi Nakamoto, P2P Foundation, February 11, 2009

받지 않는 다수인 공개형 네트워크에 대한 신뢰가 부족했기 때문이다. 이런 신중함에도 불구하고 조작 방지 구조와 다수의 일반인에 의한 검증이 가능하다는 등의 데이터 측면에서의 강점으로인해 2013년부터 금융 주체들이 비트코인에 많은 관심을 쏟기 시작했다. 블록체인이 비즈니스 목적에 맞게 하려면, (i) 사전 조회를 받고 신뢰할 수 있는 참가자가 익명의 채굴자들을 대체하는것, (ii) 강력한 연산처리 능력컴퓨팅 파워이 필요한 작업증명 방식의퍼즐 수수께끼 풀이 작업이 강도가 덜하되 보다 효과적인 전원합의 알고리즘으로 대체되는 것이다.

화폐의 경우 4가지 용도가 갖추어야 한다. 물질적인 형태를 갖춘 현금으로 가질 수 있고, 저축 가능, 지불의 준거, 신뢰할 만한회계 단위일 것이다. 비트코인의 경우 첫 번째 속성을 제외하고상당 부분을 구비하고 있다고 할 수 있다. 비트코인은 2018년 4월 시점에 이미 260조 원의 시장가치를 보유한 바, 브라질의 본원통화 금액M1보다 크고 인도의 본원통화 금액보다는 약간 적다. 비트코인은 자유롭게 유통되는 독립 화폐로 여러 가지 용도가 있고특히 국경간 즉, 나라의 경계를 넘어서는 거래에 활용된다. 일회 유통될 때마다 다소의 시간이 걸리지만, 사람들은 이 탈중앙화된 전자화폐에 대해 달러나 파운드화에 버금가는 신뢰를 획득하고 있다. 비트코인은 이 네트워크에 참여하는 개인들의 신뢰성과 무관하게 시스템이 신뢰성을 제공하는 알고리즘을 장착하고 있다. 많은 사람들이 비트코인이 법정화폐가 아니고 중앙은행도 없다고 하지만, 가격의 급변동을 통제하는 규제 당국이 없는 민주화된 화폐다. 다만, 비트코인의 높은 가격 변동성으로 인해 가치저장 불안정 및 교환 수단으로서 비효율적이라고 보는 견해가 많다.

비트코인은 암호화폐이자 지불시스템이다. 현재의 법정화폐는 화폐가 금으로 태환되지 않고 정부의 권위에 의해 강제적으로 유통되는 법정불환화폐이다. 과거 금화처럼 희소한 자원을 채굴하여 가공하고 동전으로 만들어 유통한 것과 마찬가지로 비트코인은 수학적 공식에 의하여 한정된 것(digital scarcity)을 컴퓨터로 채굴하여 전자화폐로 만든 것이다. 법정화폐의 경우 중앙정부가 통제를 하지만 비트코인은 탈중앙화되고 분산된 노드에서 비트코인을 채굴·소유하고 본원적인 가치intrinsic value 또는 property right를 가지는 것이라는 차이가 있다. 비트코인은 분산되고 탈중앙화되어 있고 P2P 방식으로 처리되므로 한 지점만을 공격받아 시스템이 붕괴되지 않는다(No single point failure). 법정화폐를 전자적으로 이전할 때는 페이팔, 신용카드 회사, 은행, 국경간 거래에서는 중앙 정부의 금융 당국 등 제3자의 개입이 불가피하나, P2P 방식의 비트코인은 이러한 개입이 불필요하다. 자금의 통제는 개인이 직접하고, 은행의 계좌가 필요하지도 않고, 비트코인을 사용하는 당사자가 누구인지 드러내지 않고 중앙정부나 은행의 감시가 없이 세계 어느 곳의 누구에게나 매우 낮은 비용으로 지불수단으로 사용할 수 있다. 현재 중국을 포함한 많은 중앙은행에서 중앙집중화된 방식으로 전자화폐CBDC : Central Bank Digital Currency를 신규로 발행하는 것을 검토하고 있어, 정부의 규제가 미치지 못하는 비트코인의 유통을 제한하려고 한다.

비즈니스를 경영하는 고위 임원이나 최고경영자들은 어떤 블록체인 프로토콜이 가장 적합한지를 판단하여야 한다. 개별 기업입장에서 가치이전이나 자금 지불을 감안한다면 PayCase처럼 비트코인 네트워크를 선호할 수 있다. 공개형 블록체인인 비트코인은 네트워크상에서 디지털 코인을 만들어 냈는데, 이는 공개형 블록체인의 프로토콜의 일종으로 코인을 사용하기도 하지만 스마트 계약에 이용되는 이더리움과는 많이 다르다. 비트코인은 네트워크상에서 전원 합의에 의한 증명이 가능하고 개인 간의 신뢰가 없이도 시스템을 신뢰할 수 있게 된다. 비트코인은 주식이나 법정화폐처럼 재화로서 가치를 인정받고 있고, 가치를 저장하고 돈을 보내고 받는데 매우 효과적이다.

따라서 전 세계적으로 거래를 하는데 돈의 성격을 갖추고 있어 그 결제 수단으로 적절하다. 실시간 또는 빠른 시간 내에 가치를 이전하는 것이 가능하면서 신뢰를 할 수 있는가, 전 세계적인 네트워크를 갖추어서 이 돈이 실제 거래를 하는 데 쓰일 것인가, 그리고 좀 더 많은 돈이 필요할 때 규모를 늘릴scale-up 수 있는가라는 세 가지 질문에 답을 할 수 있어야 한다. 이런 세 가지 관점에서 암호화폐 시장에서 비트코인과 필적할 만한 것은 없다. 은행이나 중간매개자가 없어 상당한 속도로 거래가 전 세계에서 이루어지는 것을 도와줄 수 있다. 또한 환금성이 높아서 미국 달러화나 엔화 등으로 교환이 용이하다.

결국 비트코인만큼 시장에서 타 통화나 암호화폐로 교환되는 유동성을 갖춘 암호화폐는 현재까지는 존재하지 않는다. 또한 네트워크 효과가 강하게 존재하므로 비트코인의 가치가 지지되기 쉽고 전 세계적으로 상품이나 서비스 거래가 이루어질 때 결제수단으로 적절하다. 폐쇄형 블록체인의 하이퍼레저 패브릭을 기반으로 하는 암호화폐를 만들어 낸다 하더라도 그 범용성이나 유동성에서 문제가 발생한다. 비트코인은 언제든 형성된 가격에 따라 불특정한 대상과 법정통화로 교환을 할 수 있지만, 리브라와 같은 경우에는 한계가 있다. 비트코인은 누구나가 허가 없이 컨텐츠에 접근할 수 있는 공개성과 허가를 받은 특정인만의 사용을 강요하지 않는 비배타성이란 측면에서 보면 인터넷과 그 성격이 유사하다. 따라서 비트코인은 누구든 사전 승인없이 이 네트워크에 참여할 수 있고 어느 나라에 있던지 혁신에 참여할 수 있고 리더가 될 수도 있어 혁신이 더욱 빠른 속도로 일어날 수 있다. 또한 탈중앙화된 시스템으로 특정인이나 집단이 비트코인 시스템을 바꿀 수 없다.

비트코인의 미래를 좌우하는 두 번째 요인은 디지털전환 기술이 탈중앙화의 방향으로 움직이고 있고 상호 시너지를 낸다는 점과, 많은 은행이나 신용카드 인프라를 갖추지 못한 후진국에서 상당한 비용이 소요되는 금융서비스 가입의 진척이 느리다는 점이다. 향후 IoT, 인공지능의 발전과 더불어 미래를 결정할 블록체인 기술을 감안하면 탈중앙화 추세는 더욱 강화될 것이다. 특히 2018년 5월 시행된 유럽의 '일반 개인정보보호규정(GDPR : General Data Protection Regulation)'이 개인정보에 관한 개인의 주체 권리와 기업의 책임 강화, 개인정보의 역외이전에 대한 강력한 규제에서 보여지듯 개인정보와 프라이버시 보호를 중시하는 프레임으로 인해 탈중앙화 추세를 멈추는 것은 어렵다. 이런 상황에서 향후 20년 정도가 경과되면 비트코인은 별칭으로 불리는 것이 아니라, 오늘날의 법정화폐처럼 취급을 받을 가능성이 높다. 2,100만 개의 비트코인 중 1,837만 개가 2020년 5월까지 채굴되었다. 비트코인은 가격 변동이 심하고 휘발성이 높다는 약점도 있지만 스테이블 코인[11]이나 리브라처럼 되기는 어려우나, 알트코인과의 교환 비율convertible rate 또는

---

11   스테이블 코인(stable coin)은 가격변동을 최소화 되도록 설계한 코인으로 보통 1 코인이 1달러의 가치를 갖도록 설계한다. 테더(Tether, USDT)가 대표적인 스테이블 코인으로 달러와 1:1 가치로 고정되어 있다.

swap을 결정하는 기준화폐로서 기능성과 폭넓은 유동성으로 평가될 것이다. 비트코인은 기축암호화폐로서 가치가 매우 크다. 비트코인과 이더리움의 암호화폐 Layer 1이 기반이 되어 스테이블코인이 개발되어질 것이다. 현재 전자적인 속성을 지닌 비트코인은 1초에 10개 이내로 밖에 거래되지 않으므로 이를 작게 쪼개어 획기적인 속도로 거래가 이루어 질 때 지불수단으로 사용하기 위해, 전자적인 속성을 개선하는 Layer 2 또는 라이트닝lightening이라는 진화가 이루어지고 있다. 비트코인은 다른 블록체인과 비교하여 훨씬 단순하고 쉽게 확보할 수 있다. 향후 많은 주택자금 대출 등이 스테이블 코인 기반으로 이루어질 가능성이 높다.[12]

비트코인의 미래를 긍정적으로 볼 수 있는 두 번째 요인으로는 아시아, 아프리카, 남미 등 많은 지역에서 금융 인프라가 절대적으로 부족하고 이러한 서비스를 이용하는 것은 무척 비싸고 많은 시간이 소요된다는 점이 비트코인과 스마트 계약의 확산에 역할을 할 것이다. 통신 인프라가 낙후된 많은 후진국에서는 기존의 유선전화 통신망을 구축하기 보다는 휴대전화를 이용한 무선망으로 대체 망을 구축하였다. 스마트 계약과 비트코인이 실행되

---

12   Justin O'Connell, "Former Bitcoin Core Developer Jeff Garzik: 'The Stablecoin is Here to Stay'", Forbes, Oct. 7, 2019. Jeff Garzik은 'Consensus 2019' 행사에서 Metronome이라는 암호화폐를 소개하고 기존의 비트코인과 기타 알트코인과의 swap에서는 과세가 발생하지만, Met는 블록체인과 블록체인간의 거래가 아닌 단순 자산 이동을 보장하는 chain hopping이 이루어지면서 가격 변동을 완화하는 효과가 있고, Met가 암호화폐 시장에서 끝까지 살아남을 것이라고 주장한다.

▶ 비트코인 가격의 변동 ◀

출처 조정환, 오케이코인코리아. "디지털 경제의 미래"

기에 적합한 환경이 구현되어 있는 점을 감안하면 암호화폐와 전자화폐가 우후죽순 식으로 생겨날 것이고 비트코인은 일종의 암호화폐 표준으로 작동할 것으로 예상된다.

페이스북의 리브라도 스테이블 코인으로 이러한 성격을 가지고 있다. 이러한 국가에서 중앙 정부나 중앙 집중화된 매개 기관이 없이 블록체인 기반으로 새로운 서비스를 개발할 수 있는 많은 사업 기회가 부여될 것이고, 해외 송금 어플리케이션이나 결제수단으로 암호화폐가 채택되고 비트코인은 일정 비율로 이들 암호화폐와 교환되는 벤치마커 또는 표준이 될 것이다.

비트코인은 미중 무역갈등과 대립, 브렉시트Brexit 사태에도 불구하고 가격의 안정성을 보여주면서 가치저장 수단으로서 인정을 받을 수 있는 계기를 만들었다.

Estimate year	Block	Block Rewards	Yearly Supply Growth(est.)	End BTC % of Limit	End BTC
2009-2012	0	50	100.00%	50.00%	10500000
2012-2016	210000	25	12.50%	75.00%	15750000
2016-2020	420000	12.5	4.15%	87.50%	18375000
2020-2024	630000	6.25	1.79%	93.75%	19687500
2024-2028	840000	3.125	0.83%	96.88%	20343750
...			...		
2126-2130	6300000	0.00000004	0.00%	100.00%	20999999
2130-2132	6510000	0.00000002	0.00%	100.00%	20999999
2132-2136	6720000	0.00000001	0.00%	100.00%	20999999
2136-2140	6930000	0	0.00%	100.00%	20999999

YEAR	2016	2020	2024	2028	2032
BTC PRICE	$567(4.15%)	$16,759(1.79%)	$57,725(0.85%)	$164,869(0.42%)	$341,873(0.21%)

Source: Pantera Capital

⬤ 총 네트워크 수익   ⬤ 네트워크 블록보상   ⬤ 네트워크 거래수수료   ▪ 연간 증가량 금 1.6% 은 4.5%

출처 이은철, 비트퓨리. "POW 비트코인 마이닝"

2020년 5월 12일에 일어나는 비트코인 반감기를 감안했을 때 2020년경에는 비트코인 공급량의 성장률 1.79%는 전 세계 금생산량과 비슷하게 된다. 비트코인을 희소한 디지털 자산으로 평가하였을 경우 2020년 2월 기준, BTC 1 = $ 10,000 정도로 거래되고 있으나 미래에 그 가치는 상승할 것으로 보인다.[13]

---

13 비트코인 등의 가격전망은 규제 정책이나 암호화폐간의 경쟁과 수급 등 여러 가지 변수에 의해 좌우될 수 있다. 독자들이 암호화폐 거래 투자와 여러 주장을 취합한 본서의 비트코인 전망 내용을 관련시키지 않아야 한다.

스테이블 코인, 리브라

리브라Libra는 페이스북이 2019년 6월 29일 사업계획서를 공개한 것으로, 2018년 세계은행이 전 세계 성인의 30%인 17억 명이 은행 계좌를 갖고 있지 않아, 이러한 사람들이 휴대폰 기반으로 거의 수수료가 없고 프라이버시 보호가 되는 스테이블 코인이며 $ 1 = Libra 1 비율로 교환하여 국제 송금과 지급 결제를 할 수 있게 하는 것이다. 합의 알고리즘은 BFT와 지분증명을 기반으로 하고 있고, 100개의 노드상에서 약 1,000 ~ 1,500 TPS의 처리 속도를 보유하고 있다. 리브라는 페이스북, 인스타그램 등 24억 명의 이용자를 기반으로 인스타그램 등의 주요 아이템을 즉시 온라인 쇼핑을 하고 리브라로 결제를 할 수 있도록 하려는 것이다. 페이스북은 비트코인이나 이더리움이 아직은 거래결제 수단으로 확장성이 미흡하고 가격 변동이 너무 심하다는 점에 주목하고, 타 경쟁사인 구글 등이 자사의 플랫폼 위에서 많은 이용자의 패턴을 분석하고 활용하는 것에 대한 잠재적인 위협을 느끼고 출시한 것이다.

각자 최소 천만 달러 이상을 투자한 마스터카드, 비자, 페이팔과 같은 결제회사, 이베이 같은 전자상거래 회사, 우버 같은 차량공유 회사들도 컨소시움의 최초 구성원으로 참여하였다. 페이스북을 포함한 28개의 Libra Association(스위스에 본사 소재)의 멤버들은 각각 한 표씩 동일한 의사결정 권한을 가진다. 이용자가 리

출처 CB Insights. "Blockchain Trends in Review 2019"

브라에 해당하는 현금을 제출하면 이것은 Libra Reserve(은행에 해당된다)라는 곳에 적립을 하게 된다. 전자지갑과 결제를 담당하는 Calibra라는 자회사를 두고 거래 데이터는 페이스북과 별도로 보관하고 광고나 타겟 마케팅에 쓰지 못하도록 할 계획이다. 이윤 창출은 Libra Reserve의 평균 잔고를 이용한 이자 수입과 페이스북상의 수많은 자영업자들의 거래 중개 수수료 등이다.

리브라 프로젝트는 미국의 관련 당국으로부터 상당한 반발과 규제를 받고 있다. 이는 리브라가 활발히 유통되면 자국 통화 주권이 무력화되고, 유동성 문제가 생기는 경우나 리브라의 익명성을 이용한 자금 세탁이나 탈세 등을 우려하기 때문이다.

영국은행은 2019년 10월 리브라가 영국 내에서 통용되려면 금융당국의 기준에 적합해야 허가가 가능하고, 그 기준 중에 하나는 결제 등의 데이터에 대한 접근이 허용되어야 한다는 것이다. EU도 2019년 12월 각국의 법정화폐로 교환이 보장되는 스테이블코인의 관련 규제, 법적 측면, 감시·감독과 관련된 도전적인 과제나 위험에 대한 규칙이 만들어지기 전에는 리브라의 유럽내 유통에 대해 반대한다고 발표하였는데, 이는 리브라를 통해서 이루어지는 거래에 대한 데이터의 관리 문제와 국제 금융 시스템에 대한 새로운 도전으로 인식하고 있기 때문이다. 규제 당국으로부터 느끼는 압박으로 인해 마스터카드, 비자, 이베이 등 7개의 최초 설립 기관들이 출범 직후에 탈퇴를 하였다.

PART 3
비즈니스에서 블록체인
활용과 관련된 사안

BLOCKCHAIN MASTER

스마트 계약

스마트 계약은 탈중앙화된 블록체인 네트워크에서 유·무형의 디지털 자산을 통제하는 컴퓨터 프로그램이다. 디지털 자산은 데이터에 어떤 가치가 부여된 것으로 지재권, 거래 계약, 암호화폐, 디지털 컨텐츠 등 매우 다양하다. 블록체인은 부동산 계약, 상호 계약 등 스마트 계약에 널리 활용될 수 있다. 상당 부분의 의사 결정이 규칙에 의해서 자동적으로 결정이 된다. 이런 것이 불확실하게 되므로 공증이나 제3의 신뢰 기관이 필요하나 스마트 계약은 이를 대체하게 된다. 스마트 계약은 암호화폐 이외의 주요 블록체인의 응용분야로 사람들이 직접적인 거래나 가치교환을 하는 것이 가능하게 되면서 부각되고 있다.

스마트 계약이란 상품 수령 후 지불이 일어나는 것과 같이 사건 event이 촉발한 명령을 여러 주체를 망라하여 자동으로 수행하는 컴퓨터 프로그램이다. 스마트 계약은 계약 조건을 정해서 실행하고 강제하는 프로그램 코드code로써 자동화된 실행으로 스스로 집행하고 기계적으로 작동한다. 스마트 계약이 기존 컴퓨터 프로그램과 다른 점은 블록체인 시스템 내의 규칙의 집행을 보증하고, 스마트 계약 집행의 산출물은 네트워크상의 모든 참여자들이 감사하고 검증할 수 있다는 것이다. 주의할 점은 상당수의 스마트 계약은 블록체인 네트워크 밖에 소재하고 있어 진실한 의미의 스마트 계약이라고 할 수는 없고, 대부분의 어플리케이션은 중앙집권화된 실체에 의해 통제된다는 것이다.

스마트 계약은 1994년 닉 자보Nick Szabo가 제안한 것이다. 그에 따르면 스마트 계약은 거래의 투명성을 제공하고 신뢰도가 높은 제3자의 개입이 없이도 거래를 할 수 있을 뿐만 아니라 거래가 자동적으로 집행된다는 장점이 있다고 한다. 스마트 계약은 지불 조건·유치권·비밀 유지·강제 집행 등의 계약 조건을 이행하는, 컴퓨터로 처리되는 거래 프로토콜이다. 중재자 없이 디지털로 개인과 개인 간의 계약을 체결할 수 있도록 컴퓨터 코드로 짜여져 조건에 따른 계약을 자동으로 실행하고, 그 결과가 명확하여 계약이 불이행되는 위험이 없다. 이는 유해하거나 우연히 일어나는 예외적인 거래와 신뢰할 수 있는 중간 매개자의 개입을 최소화하기 위한 것이다. 양자 합의를 통해서 복잡한 프로세스가 간소화된 다.

디지털 자료에 대한 복사와 조작을 제어할 방법으로 닉 자보가 스마트 계약을 제안하였으나 이와 관련하여 이행할 방법이 부재하였다. 블록체인이 등장하면서 다수의 노드가 같은 데이터를 공유하고 검증하는 방식을 통해 디지털상에 신뢰관계를 형성할 수 있게 되어 스마트 계약을 구현할 수 있게 되었다. 예를 들어 여분의 자동차를 보유한 사람과 차량을 렌트할 필요성이 있는 이용자가 동시에 스마트렌트 계약에 가입한다. 사용자가 자동차 대시보드에 설치된 터치 패널에서 계약을 선택하고 터치 패널에 서명하여 계약을 체결한다. 이 정보는 블록체인에 저장이 되며, 자동차의 시동을 걸 때 필요한 디지털 키가 있고, 이 키는 할부금의 지불 여부와 연동이 되어 있다. 이 스마트 계약은 렌트 조건과 수수료에 대한 참가들 간의 합의를 바탕으로 하고 있다. 렌트카 이용자가 계약 시점까지 이용하다가 기간 만료 후에 추가적인 렌트료를 지불하지 않는 경우, 해당 계약을 이행하지 않은 이용자에게 충돌 사고와 같은 위해가 발생하지 않는 시점에 렌트카의 작동을 중지시킬 수 있다. 따라서 사기성 거래로 인한 손실, 중재나 이행 강제의 비용, 다른 거래 비용을 최소화하는 효과가 있다.

비트코인을 이용한 스마트 계약은 용이하지 않으나 이더리움에서는 이를 반영하였다. 스마트 계약은 법적으로 인정받는 계약은 아니지만, 사람이 읽을 수 있는 컴퓨터 언어로 프로그래밍이 되고 이행되는 조치로서 제한적으로 사용될 수 있다. 디지털로 된 자료들은 그 특성상 쉽게 복제되고 조작이 쉽다.

스마트 계약을 위한 플랫폼은 공개형 블록체인에서는 이더리움 기반이거나 폐쇄형 블록체인에서는 하이퍼레저 기반이다. 비트코인의 경우 처음부터 스마트 계약을 상정하지 않았기 때문에 비트코인 기반으로 스마트 계약 프로그램을 만들기는 어렵다. 비트코인 스크립트는 반복문을 사용할 수 없고, 반복문의 오류로 인해 무한루프가 발생하면 네트워크의 모든 트래픽이 무한루프에 집중되어 네트워크 전체가 다운될 수 있다. 2013년 비탈릭 부테린이 비트코인을 토대로 비트코인의 한계를 극복하고 넓은 범위의 스마트 계약 구현을 위해 설계한 플랫폼이 이더리움이다. 이더리움은 반복문이 사용가능한 스크립트를 지원함으로써 화폐 등의 단순한 데이터 전송 뿐만 아니라 데이터의 연산, 저장 등 처리가 가능해서 스마트 계약의 개념을 구현할 수 있다.

이더리움의 창시자인 비탈릭 부테린은 비트코인에서 하고 싶은 기능을 구현하는 컴퓨터 코딩 작업이 이루어질 수 있게 하여 블록체인이 프로그래밍이 가능한 컴퓨터이자 제2의 인터넷이라는

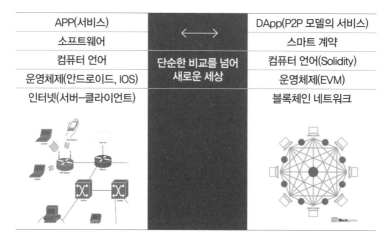

APP(서비스)		DApp(P2P 모델의 서비스)
소프트웨어	⟷	스마트 계약
컴퓨터 언어	단순한 비교를 넘어	컴퓨터 언어(Solidity)
운영체제(안드로이드, IOS)	새로운 세상	운영체제(EVM)
인터넷(서버–클라이언트)		블록체인 네트워크

출처 박성준. "블록체인 기술과 디지털 경제의 전망", 2018년 4월 자료를 일부 수정

개념을 이끌어냈다. 분산원장이나 P2P 신뢰 네트워크에 머물던 비트코인을 넘어 스마트 계약 실행 플랫폼 역할을 하고 있다. 이더리움 상에서 스마트 계약은 파이썬이나 Solidity 같은 프로그래밍 언어로 작성될 수 있다. Solidity 프로그래밍 언어를 이용하여 스마트 계약의 알고리즘을 작성한 후 EVM_{ethereum virtual machine}상에서 구동하게 된다. EVM에서 구동되는 스마트 계약은 블록체인 네트워크와는 분리되어 실행되게 된다.

스마트 계약상의 거래가 검증된 이후, 스마트 계약은 블록체인 네트워크상의 모든 노드에 복제되어 전개된다. 모든 노드들은 스마트 계약의 결과물인 거래를 독립적으로 검증하게 된다. 이더리움 블록체인은 스마트 계약을 전개하고 이행한 거래에 대해서 '가스$_{gas}$'라는 소액의 비용을 부과할 수 있다. 즉 스크립트 코드의 각 라인을 실행할 때마다 수수료가 발생하고, 코드를 실행하고자 하는 사용자는 수수료의 한계를 설정한다.

실제 가동되는 스마트 계약은 그 성질상 변경불가하고 무한 실행될 수 있으므로 가스가 소액의 수수료를 받음으로써 너무 많은 컴퓨팅 파워를 사용하지 않고 프로그램이 중단하거나 종료되는 것을 가능하게 한다. 이더리움 스마트 계약은 지속적으로 가스가 남아 있는 지를 체크하여 가스가 모두 사용된 경우에는 해당 거래를 폐기하게 되고 그 결과는 블록체인상에서 기록으로 남게 된다. 이처럼 이더리움에서는 스마트 계약을 기반으로 거래시 수수료가 발생하여 막대한 자본을 가지고 있지 않다면 DDoS 공격을 하기가 불가능하다.

스마트 계약은 거래 비용이 높은 분야, 계약 불이행으로 인한 부작용이 많은 분야, 음악·보험 등 확장 가능성이 많은 분야에 우선 적용할 수 있다. 그렇지만 스마트 계약 이행의 불확실성에 관한 몇 가지 문제가 있다. (i) 스마트 계약에 컴퓨터 버그나 에러가 있을 경우에는 어떻게 할 것인지가 문제가 된다. 이더리움 계약이 적용되었던 The DAO 해킹 사건을 예로 들 수 있다. (ii) 조건 충족을 확인하기 위한 외부 자료에 대한 정확성을 어떻게 담보하는가의 문제이다. 예를 들어 특정 주식의 가격이 7만 원이 되면 옵션을 행사하라는 조건이 부여된 경우에, 주가가 7만 원이라는 정보를 잘못 줄 수도 있으므로 이것을 확인하는 문제이다.

(iii) 모든 계약 조건을 코드화 하는 것이 현실적으로 가능한가이다. 실제로 한국의 계약은 핵심적인 내용만 규정하고 그 외의 것은 상황이 발생할 때마다 협상을 통해 재계약하는 경우가 많다.

스마트 계약은 아직 초기 상태이므로 개인키를 잃어버린 경우나 충분한 정도의 테스팅이나 품질 보증이 이루어지지 않은 상황에서 보안상의 취약점을 가지고 있기 마련이다. 스마트 계약은 블록체인 플랫폼위에서 동작하여 거래자는 익명성을 가지나, 거래 내역은 공개되어 블록체인상에 기록된 거래 당사자의 지갑주소, 거래된 내용, 시간, IP주소 등이 노출되며, 이러한 정보를 유추하여 간접적으로 거래 당사자가 누구인지를 추정할 수 있다. 이러한 상황에서 피싱 사이트에 접속하거나 악성 코드에 노출되어 개인키를 잃어버릴 수도 있다. 개인키를 잃어버린 경우에는 블록체인상에서는 이를 재생하거나 다른 것으로 재설정하는 것reset이 불가능하다. 이 경우 엄청난 재산상의 손실을 입거나 해당 스마트 계약의 신뢰도가 저하될 수 있다. 이 문제를 해소하기 위해 다중 서명이나 복수 당사자의 서명 등이 도입되고 있다. 어떤 스마트 계약은 3명 이상이 서명하도록 하고 그중 절반이상의 서명을 받으면 스마트 계약이 실행되도록 하는 것이다. 또한 블록체인에 기록된 거래 내용은 지속적으로 보관되어 있으므로 어떤 거래 블록이 보안상의 문제가 발생한 경우, 이것이 후속 스마트 계약에도 같은 보안상의 문제를 초래할 수 있다. 가스와 같은 개념을 이용하여 스마트 계약을 종료시킬 수 있지만 이로 인해 과거의 거래 기록은 사라지게 된다. 몇몇 스마트 계약은 해당 전자지갑을 해킹 당한 경우가 있다. 2017년의 경우 3,000만 달러의 이더리움 토큰이 해킹 당했을 뿐만 아니라, 2억 8천만 달러의 암호화폐가 해킹되어 그 거래가 동결된 바도 있다.

분산앱의
정의와 유형

분산앱의 개념과 주요 유형

블록체인의 스마트 계약을 포괄하는 분산앱DApps은 블록체인 어플리케이션을 만들고 관리하고 실행하는 소프트웨어라고 할 수 있다. 즉 블록체인상에서 최종 사용자와 데이터 시스템 간의 비즈니스 로직을 구현하는 프로그램이다. 스마트 계약과 분산앱은 그 경계가 분명하지는 않게 보이지만, 스마트 계약은 특정 목적을 달성하기 위한 소프트웨어 유틸리티라고 할 수 있다. 분산앱은 여러 가지 작업 흐름work flow으로 구성되어 있고 스마트 계약은 이 작업 흐름의 몇 가지 국면을 처리하는 것이라고 할 수 있다. 스마트 계약은 전형적으로 어떤 거래를 이행하는 구조적인 틀transaction construct에 관련된 것이고, 분산앱은 이와 관련된 모든 다른 작업이 포함된 것이다. 블록체인상의 어플리케이션인 분산앱은 중앙화된 서버를 이용하는 어플리케이션과는 달리 P2P 앱이다.

분산앱은 다음과 같은 몇 가지 속성을 가지고 있다. 첫 번째로 분산앱은 공개소프트웨어 기반이다. 블록체인은 일반적으로 탈중앙화 시스템을 지향하고 있으므로 많은 다양한 개발자들이 어플리케이션의 코드를 개발하고 상호 코멘트를 통해서 소프트웨어를 개선·발전시킨다. 따라서 모든 소스코드를 제3자가 볼 수 있고 이를 활용하여 수정하거나 업그레이드를 할 수 있다. 이러한 소프트웨어 개발방식의 대표적인 것이 리눅스이고, 전체적인 시스템 형상architecture을 사전에 그리거나 기획하는 엔지니어가 없다. 비트코인도 사토시가 제안한 이후 공개 소프트웨어를 기반으로 진화되어 왔다. Bitcoin Core는 비트코인의 수많은 개발자가 집단적으로 모인 곳으로 코드를 개발하고 보정하고 오류를 잡는 것이다. 비트코인은 블록체인을 응용한 프로토콜중에서 공개 소프트웨어 기반으로 가장 많이 진화되어 있는 것이다.

두 번째 속성으로는 블록체인 기반이므로 탈중앙화된 것으로 모든 거래나 행위가 블록체인 기반위에서 기록되어진다. 분산앱은 비트코인처럼 누구나가 모든 개별 행위의 기록을 볼 수 있는 공개형 블록체인 또는 사전허가를 얻은 자만이 거래의 기록을 볼 수 있는 폐쇄형 블록체인 형태일 수 있다. 세 번째로는 분산앱은 비트코인의 경우 채굴을 하는 경우 그 댓가로 비트코인이 주어지는 것처럼 인센티브 시스템에 의해 작동된다. 반드시 비트코인 채굴이 아니더라도 분산앱의 적용이나 운용에 기여한 자들은 인센티브 시스템에 의한 혜택을 누릴 수 있다.

분산앱은 금전문제와 직접 연관된 유형, 금전문제와 기타 사항을 포함한 유형, 금전문제와는 완전 별개유형으로 구분해 볼 수 있다.[14] 금전문제와 직접 연관된 분산앱으로 비트코인을 예로 들 수 있다. 두 번째 유형인 금전외의 문제도 포함되어 있는 분산앱의 예로 자동차 사고 보험의 사례를 들 수 있다. 현재 인공지능을 이용할 경우 사고가 난 차량의 부위를 휴대폰으로 사진만 찍어도 그 사진의 이미지를 바탕으로 사고가 난 부위를 교체할 것인지 수리할 것인지와 어느 정도 비용이 소요되는지를 판단할 수 있는 서비스가 많이 출시되어 있고 많은 손해보험회사에서 이미 이러한 인공지능앱을 사용하고 있다. 영국의 Tractable이란 회사는 이미 수천장의 사고이미지 데이터와 자동차의 차대번호를 연결하고 인공지능 알고리즘을 훈련시켜서 수 초내에 손해사정이 이루어지게

---

14   State of the DApps 사이트에 따르면 2020년 1월 기준, 이더리움 기반의 분산앱의 갯수는 다음과 같다. Games 493, Gambling 374, Finance 285, High-risk 259, Social 248, Exchanges 197, Development 180, Media 126, Wallet 90, Marketplaces 87, Governance 73, Property 71, Security 70, Storage 54, Identity 40, Energy 29, Insurance 21, Health 20개로 게임과 금융 방면의 분산앱이 많다.

한다. 또한 사고 당시의 CCTV나 블랙박스의 사고 장면의 영상을 활용하여 사고 당사자들의 책임 여부와 그 주장의 정당성을 판명할 수 있다. 이러한 자동적인 손해 책임부분과 손해액 사정을 바탕으로 사고 기록을 블록체인 바탕으로 계속 업데이트하는 경우 굳이 어느 특정한 자동차 보험회사에 가입할 필요가 없이 탈중앙화된 여러 개의 보험회사가 소속된 블록체인 집단 풀$_{pool}$에서 사고 비용의 자동 처리가 가능해진다. 일반 이용자는 블록체인 보험집단 풀에 보험료를 내고, 인공지능이 사고에 관한 심사 판정을 하고 자동 지불이 이루어지는 분산앱을 이용할 수 있다.

　세 번째 유형으로는 자동투표 분산앱을 들 수 있다. 현재 기업의 지배 구조는 이사회 멤버를 뽑고 이사회가 주주를 대신하여 주요한 결정을 하는 중앙집권적인 구조로 되어 있지만, 블록체인을 이용하여 각 주주별로 하나의 노드를 구성하여 특별한 결정사항을(예를 들면, 주요 투자결정이나 임원 해임과 연봉인상률과 같은 것) 노드별로 자동적으로 투표를 할 수 있게 된다. 이 경우 이사회 자체가 불필요해지는 구조가 될 수 있다. 금전 문제와는 완전히 별개인 것으로 휴대폰을 이용한 국회의원 전자투표 등을 상정할 수 있다. 각 노드를 점유한 개인이 분산원장 형태로 한명의 후보자를 선택하여 중앙 서버에 전송하면 된다. 각 개인은 자기가 전송한 장부, 즉 투표용지를 보관하고 있게 된다. 전송된 투표

용지 카피본(1장의 장부)이 전송되어 모이는 중앙선관위 서버나 스토리지가 해킹당할 우려에 대한 보안장치는 두어야 한다. 투표의 비밀성과 투표 결과의 진실성(개인이 투표한 결과가 조작됨이 없이 총합되어 투표 결과로 나타났는지 여부)에 관해 블록체인 보다도 더 나은 대안이 나오기는 어렵다. 이러한 모바일 블록체인 투표는 정치 무관심 세대의 관심을 높여서 투표율을 쉽게 제고할 수 있어 극단적인 주장이나 특정 계층의 의사가 과도하게 반영되는 것을 방지할 수 있고 직접 민주주의의 가능성을 크게 제고한다. 이러한 분산앱은 정치적인 투표 뿐만 아니라 기업의 고객대상 조사에도 활용될 수 있다. 스마트 계약을 블록체인 계층별로 예시하면 다음과 같다. 프로토콜 계층에서는 이더리움이나 비트코인이 분산앱이다. 테조스는 어떤 소프트웨어의 코드를 실제 환경에서 실행하기 전에 계약의 조건을 사전에 확인하는 프로그램이다. 네트워크 계층에서는 전 세계에 소재한 IT 장비에서 스마트 계약 프로그램이 실행될 수 있기 위해 충분히 안전한지와, 실행 도중에 스마트 계약을 변경하지 않아야하므로 공개 및 공개형 블록체인이 적절할 것이다. 폐쇄형 스마트 계약을 하고자 하는 많은 기업의 경우에도 네트워크가 이러한 계약을 보관하고 관리하는 데 안전한지가 중요하다. 어플리케이션 계층에서는 사용례에 따라 수많은 종류의 스마트 계약, 예를 들면 해외송금 앱 등이 있을 수 있다. 휴대폰을 이용하여 특정 회사 에스크로escrow 사이트에 입금 후 블록체인 기반의 토큰으로 송금을 하고 이를 외국에 있는 수신자가 24시간 편의점에서 토큰에 해당하는 금액만큼을 인출하고 편의점은 은행이 없는 지점에 소재한 수취인의 대리 역할을 함으로써 스마트 계약이 이루어질 수 있다. 자동차 보험의 경우를 예로 들면, 현재는 각 운전자가 특정 자동차 보험회사에 가입해야 하지만, 특정 에스크로 사이트에 가입하고 본인의 사고 기록을 블록체인으로 업데이트 해가면서 이 사이트에 가입한 자동차 손해보험 회사 중에서 가장 저렴한 보험료를 책정한 업체의 보험 상품을 자동적으로 계약하게 할 수 있다. 이와 같은 자동차 보험 블록체인의 경우 자동차 사고기록에 관한 데이터 주권은 운전자가 가지게 되고 비용도 훨씬 절감할 수 있을 뿐만 아니라 중간 매개자인 보험회사가 없이도 거래가 이루어진다는 점에서 현재의 보험 비즈니스 모델에 큰 변화를 가져오게 된다.

분산앱과 스마트 계약을 통한 가치의 저장과 거래

비트코인과 같은 암호화폐는 전자지갑이나 온라인상에서 가격을 나타내는 것이므로 가치의 저장에 주로 쓰인다. 비트코인을 뒷받침하는 블록체인은 이 기술의 원상 회복 탄력성에 대한 검증이 이루어져 비트코인상에 현실 세계의 자산에 관한 메타 데이터가 담길 수 있게 되었다. 블록체인 네트워크에 변경이나 조작이 불가능한 특성들이 구현되어 있는 것이다. 가치의 저장에 관한 블록체인의 응용사례로는 토지대장이나 KS인증, 온실가스 배출권 거래제 인증서와 같은 것들을 들 수 있다. 그렇지만 많은 데이터를 블록체인상에 저장하는 것은 처리속도가 느려지고 지나치게 데이터의 양이 늘어날 수도 있다. 이러한 문제를 해결하기 위해 중앙집중화된 서버나 스토리지에서 메인 컨텐츠의 데이터를 계속 갱신하면서 보관하고 블록체인에는 이것이 저장되어 있는 위치만을 표시하는 해시 포인터만 업데이트해 나갈 수가 있다. 이것은 데이터가 관리 불가능할 정도로 증식하는 것을 해결하는 방식으로는 매우 실용적이지만 정통적인 의미의 블록체인의 탈중앙화 특성과는 상반되는 것이기는 하다.

이러한 문제점을 보완하기 위해 최근에는 오프라인으로 탈중앙화된 블록체인을 유지하다가 필요시에만 온라인으로 연결되는 방식으로 운영하는 IPFS, Swarm, Storj 등이 출현하고 있다. 몇 개의 노드에 분산하여 탈중앙화된 스토리지에 암호화, 복사, 데이터 저장을 하거나 P2P 네트워크상에서 하나의 데이터를 쪼갠 후 암호화하고 저장하는 방식도 있다.[15]

---

15 유익한 분산앱을 검색하려면 stateofthedapps.com/kr에 접속하면 된다.

최근의 분산앱은 공개형 블록체인인 이더리움 기반에서 만들어지고 있고 Mist, Parity 등의 브라우저로 검색을 할 수 있다. 이더리움상의 분산앱은 자금관련 앱과 다른 종류의 앱으로 분류하였다. 이더리움 암호화폐의 경우 자금관련 분산앱이라고 할 수 있다. 전자지갑, 다양한 지불 방식, 파생금융 상품, 리스크 헤징, 소액 토큰을 이용한 게임머니 등이다. 비금융적인 분산앱은 블록체인 기반의 통합 신분증, 온라인 투표, 자동차 보험이나 부동산 등기, 농축산물 원산지 추적 등의 앱이다. 블록체인 기반 ID와 같은 경우 기존의 운전면허증, 여권, 주민등록증, 사원증, 학생증 등이 하나로 통합되어 사용할 수 있게 되고 신분증을 휴대할 필요가 없어진다. 어떤 경우이든 기존의 중앙집권적인 유형을 벗어나 각 이해 당사자가 컨트롤할 수 있는 탈중앙화된 솔루션이다.

Provenance 분산앱은 공급망관리 어플리케이션으로 원재료 생산자, 제조자, 인증 및 등록대행 업체, 거래의 규칙을 정하는 표준 기관이나 조직, 거래가 표준 규칙에 맞는지를 검증하는 독립된 인증, 감사 업체 및 개인, 제품이나 서비스의 최종 구입자나 소비자에 대한 상세한 정보를 보거나 추적함으로써 해당 제품이나 서비스가 진짜인지, 품질이 어떠한지, 소유권의 이전 여부 등을 알 수 있게 한다. Provenance는 Martin Jarlgaard라는 패션 업체와 농장에서 양털을 뽑아 실을 짜고 염색하여 패션 상품인 옷에 적용되는 원산지와 생산 과정을 추적할 수 있게 하였다. 가트너에 따르면 블록체인은 2023년까지 매년 2조개의 상품과 서비스의 이동과 추적을 지원하리라고 본다.

분산앱의 효용과 과제

분산앱을 이용해서 새로운 시장을 창출하거나 단체간의 합의가 어려운 거래를 성사시킬 수 있다. 2018년 5월 창립한 '커먼컴퓨터'라는 스타트업은 오픈소스 코드나 프로그램을 클라우드상의 서버나 스토리지에 올리는 비용에 관한 합의를 도출한 블록체인 기반의 스마트 계약과 세계 최대의 오픈소스 클라우드인 깃허브 GitHub상의 오픈소스 코드를 다운받아 실행하려면 필요한 GPU 등의 리소스 세팅 작업을 대행해주는 소프트웨어를 만들었다. 그동안 공개 소프트웨어가 덜 활성화된 이유는 이러한 서버나 스토리지 비용을 누가 어떻게 처리할 것인지가 분명하지 않았기 때문이다. 이처럼 오픈소스와 관련된 완전히 새로운 시장을 창출하고 있다.

한편으로는 블록체인이 공개 소프트웨어 기반으로 구축됨에 따라 이윤 동기가 부족하여 집중 관리할 주체가 결여되는 점 등으로 인해 적극적인 상업화가 어려울 수 있다. 따라서 특화된 토큰을 만들고 에스크로 기능을 활용하여 다양한 블록체인 기반의 서비스와 특화 코인을 결합할 경우 큰 규모의 매출을 만들 수 도 있다. 예를 들면 현재 무료로 제공되고 있는 VPN이나 웹 브라 우저의 경우, 이 서비스에 토큰 방식을 가미하는 경우 더 많은 기 여자가 생기고 이를 관리할 주체가 생겨 서비스가 더 활성화 될 것이다. 위키피디아의 경우 콘텐츠를 가진 사람들이 자발적으로 자료를 올려 정보의 집합체를 구성하고 이를 무료로 이용하는 방 식이지만 컨텐츠의 내용이나 품질보증에 관한 인센티브 장치가 없다.

Lunyr라는 프로젝트는 콘텐츠 기여자에게 토큰을 발행하여 부 여하고 광고를 유치하여 광고사업자에게 컨텐츠 제공자의 토큰 을 사게 한다. 이 경우 콘텐츠 기여자는 블록체인 방식으로 정보 를 작성하므로 데이터의 진실성이 보장되고 정보를 이용하고자 하는 이용자들은 세계 어느 나라에서도 관련 데이터를 조회할 수 있는 무조건적 접근권non-repudible right을 보장받게 된다. 또한 토큰 으로 보상받아 현금화할 수 있어서 데이터의 품질도 높아지게 된 다. 지금껏 구글과 페이스북은 가입자가 올린 여러 가지 데이터인 글, 사진, 동영상 등 가치 있는 것을 무료로 이용하여 사업을 하고 컨텐츠 제공자에게는 사실상 아무런 보상도 하지 않았다. 이 플 랫폼에 컨텐츠 기여자가 늘어날수록 광고의 효과는 높아질 것이 고 광고 사업자는 더 많은 토큰을 사야 한다. 이러한 선순환 효과는 해당 플랫폼의 가치를 계속 제고해 나갈 것이다. 탈중앙화로 인해 데이터 네트워크의 일부분에서 문제가 생기더라도 원상 회복 탄력성을 갖게 되고 Lunyr 플랫폼을 이용하는 사람들은 위키 피디아의 서버가 위치한 나라에서 특정 그룹의 이용자의 정보 조회 및 열람을 제한받지 않고 이용의 자유를 누릴 수 있다.

클라우드 컴퓨팅이 보편화되면서 탈중앙화된 분산앱은 이전에 네트워크 비즈니스에 참가하지 않았던 많은 사람을 비즈니스로 끌어 들일 수 있을 뿐만 아니라 중앙화된 어플리케이션이나 기술을 점차 줄여나가게 만들 것이다. 물론 이 과정에서 탈중앙화된 분산앱을 운용하는 비용은 증가하지만 중앙집권적인 통제를 벗어난다. 이로 인해 현재 자주 발생하는 해당 서버나 네트워크를 운영하는 중앙집권적인 기관이나 회사가 사업을 포기할 경우 그동안 제공해왔던 어플리케이션과 관련 데이터를 포기해야 하는 사태를 방지할 수 있다. 분산앱의 경우 네트워크의 어떤 노드가 문제가 발생하더라도 다른 노드들은 살아 있으므로 계속적으로 어플리케이션을 구동할 수 있게 된다.

또 하나의 유용한 시장을 창출하는 경우로는 국제 간 금융이나 송금 등의 재무 처리분야를 들 수 있다. 스마트 계약 기능으로 기존의 중개업자가 담당하던 역할을 대체하고, 범국가적인 금융 네트워크를 형성하여 국제 송금 이외의 업무로 확장이 가능하다.

또한, 노드가 전 세계적으로 분산이 되어 있어 하나의 노드가 작동하지 않더라도 전체 시스템은 멈추지 않는 시스템 장애와 관련한 내구성과 회복 탄력성을 갖출 수 있다. 현재의 은행 시스템은 한국에서 미국 은행이나 아프리카의 은행으로 송금하거나 대출을 하는 경우 의뢰인이 직접 하기도 어려울 뿐만 아니라 한국내 거래 은행을 통해서도 상대국 은행과 의뢰인에 관한 정보나 수신자에 관한 정보 이송, 자금 처리를 하는 것이 매우 어렵고 많은 비용과 시간이 소요될 정도로 칸막이가 쳐져 있고 상호 연결이나 운용성이 낮다. 만약 한국의 개인이 베트남, 인도네시아, 미얀마에서 공장을 운영하고 있는 다수의 상대방에게 직접 자금을 빌려주기 위해 안전한 통신 네트워크를 통해서 블록체인 기반의 스마트 계약을 실행할 수 있다면 당사자 간의 협업 생태계가 조성이 되고 저비용·고효율로 거래를 할 수 있게 된다. 개인인 수요자가 은행같은 제3자의 개입이 없이 스스로의 시스템을 구축할 수 있다. 기존 은행이나 체계화된 중개 서비스를 받을 수 없었던 개발도상국의 극빈자 가족들도 한국에서 일하는 외국인 근로자의 송금을 싸고, 빠르고, 쉽게 받을 수 있는 길이 열린다.

　개인도 블록체인의 탈중앙화된 네트워크에서 자신의 명성을 유지하면서 여러 명의 상대방에게 대출을 해주는 스마트 계약은 완전히 새로운 형태의 시스템으로 개인도 네트워크 효과를 쉽게 누릴 수 있다. 블록체인 디지털 신원확인을 이용하고, 과거 거래의 기록을 기반으로 얼마나 충실히 대출 이자나 원금을 갚았는지에 관한 기록을 담은 블록을 체크하는 것으로 상대방의 신뢰성과 명성을 평가할 수 있게 된다.

이러한 금융 거래 신용을 바탕으로 블록체인 기반의 금융 관련 분산앱 거래시 자동차 보험료, 해외송금시 수수료의 할인과 차별화 등의 새로운 추가 서비스를 개발할 수 있게 된다.

▶ 국제 결제와 송금 시스템◀

출처 조정환, 오케이코인 코리아, "디지털 경제의 미래"

스마트 계약은 스스로 작동하는 계약으로 소프트웨어이다. 1990년대 컴퓨터공학자들은 디지털 혁명이 사람 상호 간의 반응 양식과 상호 합의를 크게 변화시킬 것으로 예측하였다. 일반적으로 양 당사자 간의 계약을 할 때는 법적인 내용, 용어, 조건 등이 명기된 서류와 변호사의 개입하여 오랜 시간 검토하는 과정이 필요하다. 그러나 컴퓨터나 소프트웨어가 이러한 기능의 일부나 전체를 자동적으로 처리해주면 효율성이 엄청나게 제고될 수 있다.

스마트 계약은 계약이라는 점에서 다음과 같은 속성을 가져야 한다. 첫째, 계약에 관여한 자들이 그 조건이나 내용을 언제든지 파악할 수 있어야 한다. 이 계약에 중간자로 관여한 제3자의 경우에도 그 조건이나 내용을 확인하고 파악할 수 있어야 한다. 둘째, 계약상에서 정해진 조건이 맞는 경우 이 계약은 집행 가능해야 하고 합의된 바대로 집행되어야 한다. 또한 지불수단이 전자화폐나 전통적인 화폐가 될 수 있다. 셋째, 일반적인 계약의 경우 분쟁이 있을 경우 법원에 소송을 할 수 있듯이 스마트 계약도 검증 가능해야한다. 컴퓨터 프로그램인 스마트 계약이 이러한 계약으로 유효하다는 것이 검증할 수 있어야 한다.

스마트 계약의 경우 변호사가 필요 없이 구동되는 소프트웨어 코드를 법적으로 인정할 것이냐는 문제가 있다. 법정에서 논란이 될 경우 스마트 계약은 법률가나 규제자와 무관하게 다룰 수 있는가 하는 문제이다. 특히 스마트 계약에 해당하는 코드가 잘못 짜여지거나 해킹을 당한 악성코드가 심어져서 금전적 피해가 발생하는 경우 누가 책임을 지고 이 문제를 해결하고 그 배상문제는 어떻게 할 것인가이다. 블록체인 네트워크상에서 스마트 계약은 탈중앙화되어 있고 공개 코드로 작성되어 있어 참여자 누구나 확인할 수 있었던 사항이다. 스마트 계약의 비즈니스 환경과 P2P 환경하에서 실제 집행문제와 관련하여 적용 범위 등을 규제 차원에서 정부와 당국이 검토할 필요가 있다. 실제로 소프트웨어 코드인 스마트 계약이 법적 소송대상이 될 수 있다. 계약에 동의한 상대방이라 할지라도 그 결과에 대해 불만을 가질 수 있고 스마트 계약 자체의 타당성이나 일부 코드의 적정성을 문제로 삼아 민형사 소송을 제기할 수 있다. 아직 상급법원에서 충분한 판례가 나오지 않고 있고 어느 부분이 스마트 계약에 해당되고 어떤 법적인 성격을 줄 것인지가 문제이다. 스마트 계약에서 오류가 발생한 상기의 경우에도 소송 대상이나 운영 주체를 확정하기가 어렵다. 스마트 계약의 법적 유효성과 처리 방안은 아직 확정되지 않은 회색지대라고 할 수 있다.

금융 분야의
블록체인

　블록체인이 활용될 수 있는 산업을 분야별로 살펴보면 크게 금융 산업, 미디어 산업, 의료 산업 등이 있다. 블록체인이 현재 가장 활발하게 이용되고 있는 비즈니스 분야는 금융이다. 현재의 금융시스템은 상당히 분절되어 있어서 블록체인이 금융 분야의 통합 서비스나 플랫폼 형성에 큰 영향을 줄 것으로 간주된다. 2008년 파생금융 상품으로부터 촉발된 금융 위기는 오늘날 은행 시스템의 규제 담당자들에게 실시간으로 신뢰성을 점검하는 것이 불가능하다는 점을 드러냈다. 급증하는 금융 거래와 시장의 휘발성volatility 등에 대한 투명성 제고와 금융기관 간의 협업과 공조가 필요해지고 있다. 중앙집권화된 금융 통제가 이런 위험을 확인하고 위기에 대처하는데 한계를 보이고 있다. 실시간 거래입증, 컨센서스 기반의 거래 구조를 갖춘 블록체인이 투명성을 제고하고, 금융기관을 민주화하고, 여러 주체들의 금융 정보를 분산시키는 분권화된 경제를 가져올 수 있게 한다. 금융 분야에서는 지불, 현금 관리, 금융결제, 예금·대출 등 다양한 사용례가 있다. 특히 후진국에서 적절한 금융기관이나 인프라가 부족했던 많은 사람이 블록체인의 도입으로 선진국과의 갭을 대폭 축소할 수 있게 되었다. 이전에는 보지 못했던 글로벌 커뮤니티가 만들어지고 가난에서 탈출할 사다리가 주어지게 된 것이다. 미국 월스트리트나 런던의 시티 같은 곳이 금융을 지배하는 것이 아니라 개인들이 금융의 방식과 가치의 교환을 하는데 주류로 나설 수 있는 여지가 생긴 것이다.

블록체인은 탈중앙화된 분산원장으로 중간 매개자가 없이 참가자 쌍방 간의 직접적인 가치의 이전이 가능하다. 서울에서 뉴욕으로 송금할 때 거쳐야하는 5개의 은행을 건너뛸 수 있다. 기존 은행이나 금융기관들과 거래의 방식에 큰 영향을 미치게 된다. 대다수의 지불 문제는 은행을 거쳐서 이루어진다. 롯데백화점에 납품하는 많은 공급업자는 청구서, 수령증, 매출채권 등의 자산 처리를 은행을 통해서 엑셀과 같은 프레드쉬트와 PDF파일을 이용해 처리한다. 이러한 자산의 유동성을 블록체인을 통해 더 빠른 속도로 처리할 수 있고 쉽게 확인할 수 있게 된다. 이 과정에서 롯데백화점이나 신세계백화점은 스스로 유동성을 해결하는 은행의 역할을 하게 된다. 보험회사, 헤지 펀드, 신용보증 기관과 같은 유사한 금융기관들에 대해서도 동일한 방식으로 하나의 가상virtual 장소에서 금융거래를 처리할 수 있게 된다. Hijro라는 핀테크 회사는 금융 거래의 사이버 센터를 두고서 거래 자산을 디지털화하고 토큰으로 가격 표시를 하는 방식tokenize으로 공급망 관리 산업 분야에서 유동성 및 자산 처리 네트워크를 만들었다.[16] 전통적인 금융기관들도 물리적인 형태가 있는 화폐 대신에 디지털화폐를 블록체인을 활용하여 도입하려는 변화를 추구하고 있다. 시카고 상품거래소Chicago Mercantile Exchange나 1,100년의 역사를 가진 영국 조폐공사Royal Mint는 은행이 보유한 금으로 100% 보장이 되는 보안성이 높은 디지털 코인을 만들려고 한다.

소유권 문제, 송금 및 자산이전, 법적인 금융계약의 디지털화 등이 헤지펀드, 은행, 핀테크 스타트업, 법률 회사 등에 큰 영향을 주고 있다. 누가 금융 블록체인 서비스의 주도권을 가지고 통제를 할 것인지가 무척 중요하다. 금융기관들은 R3[17]또는 R3CEV,

---

16 "SAP Ariba to use technology from Hijro for blockchain deployment," 29 March 2017, https://www.finextra.com/pressarticle/68647/

17 R3 컨소시움은 블록체인 소프트웨어 업체인 R3가 비영리재단 Corda의 관리를 받고 있으며 바클레이, 메릴린치, BNP 파리바 등 회원사가 100개 이상이며 이 중 40개 이상은 세계 최대 대출 기관이다.

EEA_{Ethereum Enterprise Alliance}나 폐쇄형 블록체인인 하이퍼레저 컨소시움 등에 참여하고 있다.

JP Morgan은 하이퍼레저 컨소시움에 참여하면서 자체 블록체인 플랫폼인 Quorum을 운영하면서 자사의 기업 고객들의 해외 송금, 증권 발행 및 판매를 위한 은행간 지불용 스테이블 코인인 JPM Coin을 만들었다. 아멕스는 2017년 4월에 블록체인으로 거래기록을 관리하고 암호화폐로 고객에게 보상을 하는 프로그램을 특허로 신청하였다.[18] 2017년 바클레이즈, 크레디트 스위스, 캐나다 임페리얼 상업은행, HSBC, 미쓰비시UFJ, 스테이트 스트리트 등 6개 은행이 스위스 UBS가 제안한 암호화폐인 utility settlement coin 개발에 동참하였다. Blockchain이라는 회사는 2,300만 명의 사용자를 보유한 비트코인과 같은 전자 자산을 사고, 팔고 저장할 수 있는 전자지갑, 비트코인 개발이나 사용과 관련된 데이터를 제공하고 개인이나 규모가 큰 기업체 모두가 이용할 수 있는 API 등을 제공하고 있다. 소비자나 이용자, 개발자, 블록체인을 이용하고자 하는 기업의 협업 환경을 만들어 주는 것을 주도하고 있다.

---

18 Ashley Lannquist, "Blockchain in Enterprise: How Companies are Using Blockchain Today", Medium January 2018.
   https://medium.com/blockchain-at-berkeley/a-snapshot-of-blockchain-in-enterprise

가치이전과 가치저장

인터넷 초기와 비슷하게 현재 블록체인도 초기이다. 제일 하단에 소재한 프로토콜 계층의 경우, 인터넷의 메시지 전송을 정의하는 TCP/IP나 파일이 어떻게 패키지로 묶여서 인터넷상에서 주고받는지를 정의하는 FTP와 같이 인터넷상에서 블록체인으로 작성된 정보를 주고받는 프로토콜을 정의하는 것이다. 공개형 블록체인의 비트코인 외에 이더리움 블록체인, IPFS 블록체인 등은 스마트 계약 등을 가능하게 하는 각각 다른 디자인 사양을 가지고 있게 되고 지불 프로토콜이 되고 가치이전이 이루어진다.

인터넷상에서 ISP internet service provider들과 같이 블록체인은 서로 다른 서버들을 연결한다. 이러한 서버에 연결되기 위해서는 라우터나 모뎀과 같은 하드웨어를 사용하게 되는 것과 같은 역할을 프로토콜 계층의 상위에 존재하는 네트워킹 계층이 하게 된다. 따라서 네트워크 계층은 하드웨어와 이를 통제하는 소프트웨어로 구성이 된다. 네트워크 계층의 실질적인 이행은 최종 사용례 use case가 상당히 좌우한다. 비트코인의 경우 채굴 등에 많은 전기를 사용하는 하드웨어가 필요하다. 마찬가지로 또 다른 프로토콜은 상이한 하드웨어와 소프트웨어를 사용하게 되고 기술 발전과 수요 증대로 새로운 하드웨어와 소프트웨어가 출시되고 있다.

인터넷이 어플리케이션 계층에서 근본적인 변화를 가져왔던 최초 킬러 앱은 비용이 거의 소요되지 않거나 무료인 이메일이다. 이메일이 사용되기 전에는 사람들은 자기가 속한 사회나 네트워크상에서만 소통할 수 있었다. 현재 지불 거래는 이메일이 도입되기 이전과 유사한 상황이다. 페이팔이나 카카오뱅크 등 동일한 네트워크 회원들 간의 송금이 가능하다. 다른 지불 시스템에 속한 사람들에게 송금하는 것은 매우 어렵다. 이는 서로 다른 지불 시스템 간의 통합이 이루어져 있지 않기 때문이다.

인터넷의 기술 진보가 거듭 되면서 초기에는 상상하기 어려웠던 새로운 프로토콜들이 생성되고 있다. 스마트폰은 과거 수퍼컴퓨터에 해당하는 처리 용량을 가지고 있고, 이제 실시간 대용량의 파일을 스마트폰으로 주고받는 것이 가능해지면서, 20년 전에 상상하기조차 어려웠던 유튜브를 통해 실시간 동영상 스트리밍이나 화상통화 등이 가능하다. 오늘날 블록체인이 초기 인터넷과 유사한 상황이다. 비트코인이 최초로 상당한 규모의 가치이전을 실행하는 앱이라고 할 수 있다. 비트코인을 이용하여 서로 신뢰 여부가 존재하지 않는 이름도 모르는 두 당사자 간에 중간 매개자가 없이 실시간 가치이전 거래가 가능하게 되었다. 비트코인이 가져온 근본적인 변혁은 전 세계 누구나에게 송금을 할 수 있다는 것이다. 거래 상대방의 이름을 알 필요도 없고, 정부가 발행한 신분증명서도 없이 은행계좌가 없더라도 가능하다. 블록체인 네트워크에 접속하기 위한 인터넷에 연결되어 있고, 상대방과 거래를 하기 위해 전자지갑 주소만 있으면 된다는 것이다. 금융기관의 동의 없이 실시간으로 전 세계 누구에게나 동일한 지불 네트워크에 속하는지 알 필요도 없이 가치를 이전할 수 있게 되었다. 블록체인 기술이 비트코인 이후에 어떤 다양한 가치이전을 가능하게 할지를 현재로서는 예측하기 어렵다. 또한, 현재 가치이전이 되지 않는 것들도 블록체인을 통해 새로이 이루어질 수 있다. 현재 구글이라는 거대한 집중화된 검색 및 플랫폼 업체가 이용자의 검색 정보를 모아서 상업적으로 사용하는 것에 대한 가치를 매겨서 돈을 받게 된다면 데이터 주권이 소비자에게 넘어오게 되고 큰 시장의 변화가 일어나게 된다.

블록체인은 가치를 창출하는 새로운 메커니즘이다. 기존에 은행시스템에 접근해서 은행 서비스를 이용할 수 없었던 사람들도 국경간 송금 서비스를 이용할 수 있게 된다. 2008년 발표된 나카모토 사토시의 비트코인 프로토콜은 현존하는 법정화폐의 상업적 특성과 유사한 디지털 화폐를 만들어 냈다. '돈'은 가치이전을 하려는 개인 간의 소통의 수단이라고 할 수 있다. 가치의 교환은 화폐 외에도 다양한 형태를 띨 수 있다. 보석·석유·자동차와 같은 실제적인 자산의 교환에 화폐가 쓰이고 돈이나 통화는 서로 신뢰하지 않았을 만한 상대방이 믿고 거래할 수 있는 것을 촉진

한다. 돈은 가치의 저장, 회계의 단위, 가치이전의 수단이라는 세 가지 기능을 가지고 있다. 중앙은행이 법정 통화를 발행하며, 거래의 쌍방은 법정통화의 보상수단으로서 품질과 가치를 신뢰하고 이를 제출할 때 가치저장, 측정할 수 있는 회계 단위, 가치이전의 세 가지 기능을 감안하여 받아들인다. 하지만 통화 자체가 가지는 물건으로서 내재 가치는 없다. 이러한 법정통화는 중앙은행이나 정부가 보증하는 한 국가의 중앙집권화되고 공식적인 통화이다. 블록체인은 이러한 통화의 고유 기능인 가치의 저장 및 이동 수단이라는 것을 혁신하는 것이다.

블록체인 기술은 특히 가치이전의 혁신을 의미한다. 비트코인은 이러한 가치의 이전을 구현한 최초의 블록체인 사례이다. 비트코인은 실제 금전적인 가치가 있어 투기의 대상이 되기도 하는데, '가치란 금전으로 표시되는 어떤 것'이다. 가치는 인터넷 검색 행위, 신분에 대한 정보, 게놈 데이터, 이용자 스스로 창출한 컨텐츠 등도 가치로 환산될 수 있다.

블록체인은 금융 분야에서 법정화폐의 전자적인 송금, 은행이나 금융기관을 거치지 않고 전자화폐를 창출하고 이전하는 것, 수수료가 너무 비싼 소액 송금을 가능하게 하는 것, 전자적 기록이나 미술작품 등 가치가 있는 것을 디지털화하여 가치를 창출하거나 이전하는 것, 자동차 면허증, 여권, 주민등록증 등을 하나로 통합하여 통합 디지털 신분증을 가지는 것, 서류를 디지털화·저장·검증하는 공증서비스, 인적 조직적 검증·회계 감사, 조세 회피나 탈루 행위와 관련된 거래의 방지, 전자 투표의 실시 등에 사용될 수 있다.

상호 거래관계에서 지불 형태는 소비자의 지불, 비즈니스 업체 간 지불, 사물과 사물 간의 지불 등이 있다. 소비자의 지불에서 블록체인을 이용하여 국경간 송금(해외 송금)을 할 수 있다. 현재까지 해외 송금 시에는 수표나 현금을 송금자의 은행계좌에 넣거나 잔액을 이용하여 상당히 고액의 수수료를 지불하면 몇 일만에 수금자의 계좌로 이체되게 된다. 비트코인, 리플, 스텔라 블록체인이 훨씬 저렴한 수수료에도 훨씬 더 빨리 송금과 수취가 이루어지도록 할 수 있다. 암호화폐가 휴대폰의 전자지갑에 들어있다면 수취인의 휴대폰에 실시간으로 이를 송금할 수 있다. Abra와 같은 특정 앱을 이용해서 암호화폐를 현지 통화로 바꿀 수 있다. 'World Bank Migration and Development Brief 2019'에 따르면 해외 노동자의 2018년 송금은 전년 대비 9.6% 성장한 5,290억 달러이다.

현재는 은행, 비자, 마스터카드, 페이팔과 같은 업체들이 지불 네트워크를 장악하고 있고, 이용자를 자기 네트워크에 고착_{lock-in}시키고 있다. 따라서 서로 다른 지불 네트워크 간의 송금과 수취는 어렵지만, 불록체인의 경우 많은 앱을 다운받거나 설치할 필요 없이 동일한 네트워크상에서 실시간으로 자금 이전을 할 수 있게 한다. 또한 소액지불micro payment을 통해 모든 컨텐츠를 구매하는 월 정액 약정 대신에 특정 컨텐츠만을 구매하는 것도 가능하고, 처리 비용이 거의 들지 않는 장점으로 인해 소액 송금도 가능해진다. 매우 특정한 컨텐츠나 서비스를 실시간으로 지불할 수 있는 것은 인터넷 비즈니스 모델을 완전히 변모시킨다.

비즈니스 업체 간의 지불 문제의 경우 기업은 수많은 나라의 서로 다른 통화를 처리하는데 많은 비용과 시간을 쓸 뿐만 아니라 물건을 사고 팔 때 해당국의 계좌에 현금 잔고를 보유해야하므로 자금 관리 및 금고 기능이 필요하다. 현금 유동성 관리와 운영 자금 관리가 필요한 이유이다. 암호화폐는 실시간으로 낮은 비용으로 기업들이 잔고 증명서상의 현금 보유 문제를 해결하는데 큰 역할을 할 수 있다. 소규모 회사의 지불 관리가 매우 용이해질 수 있다. 큰 기업이나 은행이 이용하는 SWIFT의 수수료는 매우 비싸다. 리플, Wire, Vim은 작은 회사들이 전 세계로 작은 금액의 송금을 훨씬 효율적으로 할 수 있게 도와준다. 사물 간의 지불문제도 블록체인이 해결해 줄 수 있다. 예를 들면 자동차가 특정 부품에 이상이 생기면 이를 주문할 수 있고, 블록체인 기반의 암호화폐로 지불이 이루어질 수 있다. 전 세계적인 네트워크를 활용하여 다중서명 거래를 통해 지불문제가 해결될 수 있다. 은행에 접근이 쉽지 않은 개발도상국의 경우 많은 시민이 휴대폰과 편의점만을 이용하여 암호화폐를 통한 실시간, 저비용 자금 이체와 지불을 할 수 있게 된다.

블록체인과 데이터 통제 및 소유권과 소비자 주권

비트코인이나 블록체인은 실제 사람들이 돈을 사용하는 형태를 자세히 추적할 수 있고 이러한 정보의 소유권을 국가나 구글, 페이스북, 알리바바와 같은 회사가 아니라 개인이 가지게 되는 주요한 계기가 될 수 있다. 재정이나 재무에서 돈이 어디서 어디로 어떻게 이동하는지 아는 것은 매우 중요하다. 지금까지는 현금의 흐름을 모른 채 경험에 의존해서 은행의 스트레스 테스트나 개인의 부채 폭탄이 언제 터질지에 대한 추측을 해왔다. 새로운 세금 정책이 집행되면 누가 타격을 입을지 이득을 보는 지에 대해서도 확실히 알지 못했다. 전문가로 불리는 사람들도 돈이 어디서 시작해서 어디로 가고 어떤 조건하에 움직이는지에 대한 구체적인 정보가 없는 채로 느낌으로 판단해왔다. 모든 것이 전자화 되어 있고 디지털화 되어 있는 자금 거래의 모든 기록을 가질 수 있다면 합리적인 판단이 가능할 것이다.

실제로 중국에서는 거의 모든 거래가 휴대폰의 알리페이나 위챗페이 앱을 사용하여 QR코드를 스캔해서 결제를 하고 있어서 두 회사는 중국내 거의 모든 사람이 돈을 어디에 사용하고, 지하철을 타고 있는지 여부, 어떤 병에 걸려 치료를 받고 있는지, 언제 임대료를 내고 있는지, 몇 사람이나 그 상품을 구매하는지를 정확히 알 수 있다. 돈을 사용하는 사람이 자신을 이해하는 것보다 이 두 중국 온라인 회사가 그 사람을 더 잘 이해한다는 것이다. 이 도구들은 단순하고 매우 효과적이면서 거래 기록을 추적하여 이용자의 행위를 추적할 수 있다. 이는 프라이버시 보호라는 측면과 정부의 통제가 가능하다는 점에서 매우 두려운 일이다. 하지만 한편으로는 이용자도 어떤 은행이 안전한지 아닌지를 알 수 있게 되고 더 이상 은행의 안정성에 대해 어림짐작을 할 필요가 없다. 좋은 측면으로 생각해보면 더 이상 부패나 비효율은 존재하지 않게 된다.

이제 중요한 것은 누가 어떤 데이터를 언제 소유하는지 여부이다. 이것은 신뢰나 정보의 추적이 반드시 사적인 비밀 보호에 어긋난다는 것은 아니다. 누가 데이터를 소유하고 있느냐이다. 만일 자기의 데이터를 본인이 추적할 수 있고 데이터의 진실성이 보증된다는 것을 제3자가 인정해 준다면 문제가 되지 않을 수 있다. 중요한 것은 자신이 데이터를 모니터링하고 통제할 수 있는 것이다. 이러한 관점에서 EU의 '일반 개인정보보호규정(GDPR)'이 제정되었다. 이 법은 개인이 자신의 데이터에 대한 통제를 해야 하는 방향으로 가는데 중요한 초석이 될 것이다. 누가 무엇을 언제 소유하고 누가 책임이 있는지를 긍정적인 방향으로 정립해 나가야 한다. 많은 소규모 사업자가 연합해서 자신들의 암호화폐를 만들어내거나, 예전 실크로드 선상에 있던 많은 소규모 국가가 그리스의 드라크마 은화로 거래를 하듯이, 현재의 작은 국가들이 연합하여 거래를 위한 공통 통화나 프로토콜을 만들어 낼 수 있다면 정부가 제시하고 모든 자금 흐름을 추적할 수 있는 전자화폐나 강대국의 자국 통화나 통화 바스켓에 의존할 가능성이 줄어들고, 금융 취약자나 국가가 스스로 모니터링하고 관리할 수 있는 통제권이 생기고 민주화가 이루어져 좀 더 자유롭고 활발한 거래가 발생할 것이다. 블록체인 기반의 암호화폐가 이러한 역할의 일부를 할 수 있을 것으로 기대된다. 수많은 P2P 기반의 프로토콜과 어플리케이션이 연합을 한다면 이런 목표를 달성하는 것이 꿈에 그치지는 않을 것이다.

공개형 블록체인은 모두가 합의하는 것을 전제하고, 한 번 쓰면 수정이 불가한 일련의 원장들이다. 비트코인을 넘어서 합의 메커니즘을 기반으로 고품질이면서 투명하고, 대기업이나 강대국만큼 효율적이고, 자원을 공평하게 배분하고, 지불 관계를 이루어주는 전자화폐를 만들 필요가 있다. 비트코인은 모든 기록이 공개됨으로써 서로 모르는 제3자끼리 신뢰를 할 수 있는 메커니즘이지만, P2P 방식으로 개별적으로만 작동하므로 재무 및 자금 생태계를 조성하고 영향력을 발휘하는데 한계가 있다. 작은 기업이나 국가들이 연합을 할 수 있는 기반이 되는 프로토콜이 개발된다면 지불 플랫폼이나 ICO에 큰 영향을 미칠 것이다.

블록체인과 재무측면에서의 정부 규제

블록체인이 지불 결제 수단으로 작동할 수 있는지는 정부의 규제와 밀접한 상관관계가 있다. 자금 거래에 있어서 KYC$_{\text{know your customer: 고객 확인}}$, AML$_{\text{anti money laundering: 자금세탁 방지}}$이 엄격히 적용되는데 정부 입장에서 불법행위나 테러 등에 사용되는 돈과 지불 거래의 흐름을 추적하는 것은 매우 중요하다. 블록체인을 이용한 자금거래나 지불은 이러한 시스템에 대한 하나의 새로운 도전이고 디지털 신분$_{\text{digital ID}}$과 어떻게 연계되느냐도 중요한 사안이다. 신원확인은 여전히 대부분의 KYC나 AML의 핵심적인 요소이다. 많은 블록체인 프로토콜의 경우 신원 정보가 없이도 사적인 거래를 이행할 수 있다. 블록체인의 경우에 제3자가 돈의 흐름을 파악하지 못하게 하는 프로토콜이나 불법적인 자금으로 비트코인을 사서 자금세탁을 하거나, 제도 미비를 틈타 상속 증여 수단으로 활용될 수도 있다. 비트코인의 익명성으로 인해 규제 당국은 암호화폐의 사용에 대해 철퇴를 가하기 시작했다. 특히 온라인 블랙마켓이었던 실크로드는 블록체인과 분산원장 기술에 대한 부정적인 이미지를 심는데 큰 영향을 미쳤다. 따라서 암호화폐가 규제 기관과 긍정적이고도 밀접한 관계를 유지하는 것이 중요하다. 자신의 토큰을 발행하는 회사의 경우 SAFT 형태인지, 일반 대중에게 판매를 하는지에 따라 달라진다. 또한 어떤 토큰을 ICO하는 경우에는 사전에 성격을 분명히 정의하고 변호사와 상의하여 규제 문제에 대해 검토하고 대책을 마련하여야 한다.

ICO에 어떤 규제가 적용되는지는 상당히 미정인 상태이다. 전자토큰 판매는 종류에 관계없이 주식에 관한 규정이 적용되는 것은 일반적으로 받아들여지고 있다. 증권 당국이 규제에 관여한다. 전자토큰은 골드바처럼 상황에 따라서 파생상품법의 적용 여지도 있다. 또한 이러한 파생상품이나 증권 취급을 받는 암호화폐를 사용한 거래의 경우에는 더욱 복잡하다. 암호화폐의 송금이 거래지불 수단이나 외화송금 형태로 이루어지는 경우 자금의 이전이며 외환법이나 은행법, 자금세탁방지법 등이 적용될 가능성이 높고 암호화폐 사업을 추진하는 사람들은 규제의 위험에 노출되어 있다. 토큰을 발행하여 판매하면 자금을 송금하는 법에 저촉되는지도 의문이다. 이러한 거래에 세금 부과를 어떻게 하는지가 가장 큰 문제이다. 보통 투자금을 모집하는 경우 과세 대상이다. 어떤 회사가 보유 주식을 팔거나 회사채를 발행하는 경우 특별한 취급을 받지만, 전자토큰을 파는 경우 특별한 취급에 대한 규정이 결여되어 있다. 전자토큰 판매 수익을 일반적인 소득으로 볼 것인지 전혀 다른 것으로 취급할 것인지에 따라 세금 문제가 달라진다.

규제 기관은 블록체인에 대한 지식이 결여되어 있을 뿐만 아니라 새로운 플랫폼을 받아들이는 것에 대해서도 소극적이다. 그리고 일반적으로 어떤 문제가 발생하여 감사를 받거나 언론에 비난 기사가 나는 것을 싫어한다. 따라서 어떤 사안에 대해 정책을 추진함으로써 발생하는 긍정적이고 건설적인 측면보다 문제가 발생하지 않기를 바란다. 일반적으로 정책 집행으로 인해 변화가 일어나게 되면 기존의 이해관계자 집단은 기득권의 침해로 인한 반발이 일어나기 쉽다. 따라서 초기 벤처나 초기 기술혁신의 경우 기존의 사업자 등이 자금이나 네트워크를 동원하여 이를 봉쇄할 우려가 크고, 주요한 압력의 통로가 국회나 관료 집단을 통한 것이다. 한국내에서 2019년에 발생한 우버나 타다 등 차량공유에 대한 기존 택시 사업자나 개인택시들의 반발 사례가 좋은 예이다. 따라서 블록체인의 경우에도 프로토콜이나 이점을 설명하기 보다는 반대를 하거나 의구심을 가지고 있는 집단이 어떤 점에 착안하고 있는지, 이들을 어떻게 납득시켜야할 지가 중요하다.

폴란드 공정경쟁 및 소비자보호국은 2017년 은행의 웹사이트에 쉽게 변조할 수 없으면서 고객이 접근해서 볼 수 있는 문서의 게재를 의무화했고, 이에 따라 폴란드의 알리오Alior 은행은 3조 원에 달하는 공개형 이더리움 암호화폐의 수령에 관한 서류의 진실성과 인증을 하는 서비스를 2019년 하반기부터 제공하기로 했다.

JP Morgan의 경우 폐쇄형 블록체인을 이용한 JPM Coin을 만들었는데, 이는 사전에 허가받은 가입자간에만 유통된다는 점에서 알리오의 블록체인 기반 고객솔루션은 모든 사람들이 문서가 진실성을 확인할 수 있게 한다는 점에서 상당한 차이가 있다. 이 문서들은 해시값과 전자서명을 통해 문서명과 블록의 일련 번호가 주어져서 고객들이 알리오 서버에서 검색하여 변경이 일어났는지를 확인할 수 있다.

금융 이외의
분야에서 블록체인

금융 이외의 분산앱은 수많은 종류가 있으나 몇 가지로 구분할 수 있다. 첫 번째로 디지털 ID_{Decentralized Identifier: DID}와 규칙준수 분야이다. DID는 자기주권 신원 확인_{self soverign ID}라고도 한다. 현재 신원을 확인하는 시스템은 ID와 패스워드를 입력하고 필요에 따라 인증이나 개인정보를 입력하거나 페이스북 로그인, G메일 로그인, 카카오톡 로그인 등을 사용한다. 이 방식의 단점은 페이스북이나 카카오를 탈퇴하더라도 실제 자신의 ID가 해당 사이트에서 실제로 삭제되는지 확인할 수도 없고, 스스로 자기 정보를 통제할 수도 없고, 페이스북이 이용자 정보를 활용하여 광고를 하는 등의 이슈가 있다. 예를 들어 경찰청(A)은 운전면허증 DID를 소지한 정보의 소유주(B)가 신원확인 발급을 요청하면 경찰청 DB와 대조해서 원문을 확인(인증)해 준다. B와 거래를 하고 신원을 확인하고자 하는 판매인인 검증자(C)는 신원확인의 발급자(A)의 인증을 확인하고 이를 다시 한 번 서명하게 된다. 이러한 개인정보의 원본은 단말기에 저장하는 것이 원칙이나 휴대폰 단말기를 항상 보유하고 서버의 역할을 하는 것이 번거롭거나 단말기의 분실 등에 대비하기 위해 개인정보 저장소를 이용할 수도 있다.

블록체인은 여러 가지 오프라인의 신원증명을 디지털화하여 하나로 통합하게 해준다. 해외 여행시 여권을 휴대해야 하고 은행계좌를 개설할 때 주민등록증이나 운전면허증을 사용해야 하고 학교에서 도서를 대출할 때 학생증을 제시하는 것을 하나로 통합하는 것이 가능하게 된다. 또한, 난민의 경우에도 블록체인 기반의 신분증을 발급할 수 있게 된다. 블록체인 ID는 은행에 가입하거나, 과거로부터 누적된 신용 데이터를 포함하거나, 국경간 이동경로를 추적하게 할 수 있다. 어떤 문서에 이름을 넣고 서명하거나 인장을 찍는 방식으로 이루어지던 문서의 신뢰성을 확보하던 방식에서 깨트릴 수 없도록 암호화 되었고 훨씬 더 안전하고 완전히 디지털화된 방식으로 동일한 절차를 수행할 수 있다. 따라서 수작업으로 행해지던 공증이나 신분확인 검증과 관련된 간접 비용을 크게 감축시킬 수 있다.

블록체인은 여러 가지로 분산된 ID를 통합해서 관리할 수 있는 유용한 틀이다. IoT가 보편화되면서 많은 사물과 기기가 서로 연결이 되면서 이런 사물에 수많은 ID번호나 일련의 표현 방식이 적용되게 되어 이를 네트워크상에서 빠르게 식별하고 연결하는 것이 주요 경쟁력 중 하나이다. ID와 관련 정보를 관리하고 호환하게 하는 것에 블록체인 기반의 분산앱이 효과적으로 작동할 수 있다. Hyperledger Indy는 소비자 입장에서도 모든 사이트마다 가입자 이름과 비밀 번호를 다르게 입력하는 불편함을 대폭 줄일 수 있는 ID등록을 실시하고 있다. 2020년 기준, 약 200억개 정도의 디바이스 정보를 확인하고 검증하고 네트워크로 접근 권한을 부여하는 등의 이슈가 발생하고 있다. 금융기관의 경우 가입자 정보 확인을 기반KYC으로 자동차 운전면허증이나 주민등록번호 등 정부기관의 데이터와 부실 상환이나 사고 빈도 등에 관한 정보를 수록한 공적 기관의 데이터와 상호 크로스 체크를 하는 식으로 사업이 전개된다. 한편, 많은 금융기관의 경우 여러 가지 내외부 규칙을 지키면서 거래 행위를 하는지를 검증하는 것이 업무의 상당 부분을 차지한다. 낱개로 존재하는 금융 거래를 연결하여 내부 규칙이나 회계 규정에 합치되는 지를 점검하는 분산앱의 경우에 많은 은행이나 금융 및 감독 기관이 각자의 노드에서 정보로 접근하고 확인하는 것이 가능해진다.

두 번째 유형은 기록 관련 분산앱이다. 기업의 경우 자산·제품·자금·IP·거래를 기록한 데이터베이스 등 다양한 정보가 존재한다. 제조업체의 경우 생산하는 제품의 종류를 구분하고 필요한 부품과 조달처 등의 기록이 필수적이다. 보험회사의 경우 가입자의 사고 기록과 보험료 납부 및 지불에 관한 정보를 보유하고 있고, 이러한 정보나 데이터를 필수적으로 추적할 수 있어야 한다. 기록 관련 분산앱은 같은 업종 분야에서 서로 상이한 자료 관리 체계를 갖춘 기업들 간에 범용 데이터베이스를 기반으로 상호작용을 촉진하고 좀 더 투명하고 일관성이 있는 자료관리 체계를 갖출 수 있다. 디지털 콘텐츠나 음원, 저작권, 특허와 같은 무형의 권리인 지적 재산과 같은 경우에도 블록체인 기반의 분산앱을 만들 경우 저작자나 디지털 콘텐츠의 제작자가 관련 정보를 소유 관리하면서 인터넷 거래로 이루어지는 거래에 따른 정당한 댓가나 로열티를 받을 수 있게 된다. 또한 지불수단도 전통적인 화폐가 아니라 디지털 화폐나 암호화폐로 보상하는 것이 가능해진다.

자동차 분야에는 전기차, 자율주행차, 인포메틱스 등 대대적인 변화가 몰아치고 있다. 폭스바겐이나 르노자동차는 주행거리, 엔진 사용 정도, 정비 및 수리 내역을 블록체인 기반으로 작성하여 제조자·구매자·대리점·보험회사가 사용하는 것을 검토하고 있다. 폭스바겐은 Mindspider라는 업체와 블록체인 기반으로 자동차 부품의 원산지 등을 추적하는 어플리케이션 시범 사업도 진행하고 있다. 토요타는 자율주행차의 블록체인 기반으로 작성된 운전 기록을 구매하여 운전자의 습관을 파악하고 안전을 확보하면서 인공지능 알고리즘을 훈련시키는 데이터로 활용하고 있다. 이러한 블록체인은 각 노드별로 공유하게 된다.

미디어 분야에서는 콘텐츠나 미디어의 전송과 DRM 등을 디지털로 전송할 수 있다. 이런 미디어 관련 컨텐츠들이 신뢰 여부를 판가름할 수 없는 사용자들에게 손쉽게 유포되고 사용됨으로써 사업 기회를 높이고 유통 원가를 크게 줄이게 된다. 자신이 만든 컨텐츠를 전송하고, 누가 이것을 받았고 이를 시청했는지를 추적하기가 용이해진다. 의료 기록의 경우에도 자신의 진료 및 치료 기록을 블록체인으로 만들어 자신이 직접 관리하고 통제할 수 있게 된다. 의료 산업의 경우 환자의 진료 및 치료 정보 외에도 의약품 개발시 시험결과, 장비의 성능, DNA 정보 등 수많은 데이터가 존재하고 있어 블록체인을 활용할 수 있는 여지가 많다. 식품이나 의약품의 경우에도 원산지와 제조자, 가공 및 생산 경로, 유통업자 등에 대해서도 정보의 변질이나 해킹이 없는 상태로 추적할 수 있다.

2017년 7월에 출범한 시빌Civil은 신문사와 방송사가 필요없는 블록체인 기반 저널리즘 플랫폼이다. 정보와 필력이 있는 자가 직접 뉴스를 생산한다. 기사가 올라가면 하나의 블록이 생성되고 이를 수정하면 그 기록이 모두 이력에 남게 되고 기사의 유통 과정에서 모든 참여자들이 끊임없이 검증을 하게 된다. 각 기사 작성에 참여한 기자들의 기여도, 인터뷰를 한 사람의 기여도, 협조한 매체의 기여도의 비율을 계산하여 수익이 배분된다. 기사가 발행이 되면 트래픽을 감안하여 소비자의 기사 구입 가격이 스마트 계약으로 정산되고 광고 매출도 배분이 된다. 많은 유명 언론인이 참가하고 있고 AP에서는 사진, 포브스에서는 뉴스룸 개설 등 많은 전통 언론이 제휴를 요청하고 있고, 블록체인 전문 투자사인 컨센시스로부터 500만 달러의 투자도 유치했다. 시빌과 같은 탈중앙화된 언론은 자본이 지배하는 여론 형성의 권한을 독자와 기자들에게 돌려주는 계기를 만들 것이다.

2019년 5월 세계 제1의 선사인 네덜란드 머스크와 IBM이 공동으로 개발한 선적 블록체인 플랫폼인 트레이드렌즈TradeLens에 라이벌 회사인 제2의 선사인 MSC와 제4의 선사인 CMA-CGM이 참가를 했다. 트레이드렌즈는 하이퍼레저 패브릭 등과 같은 오픈 소스를 사용하는 IBM의 블록체인 플랫폼 위에 구축되어, IBM이 진행하는 다른 프로젝트와도 쉽게 상호작용할 수 있도록 설계됐다. 이 두 개 선사는 폐쇄형 블록체인인 하이퍼레저 패브릭 기반의 선적 화물의 운송을 추적하는 트레이드렌즈의 노드를 운영하

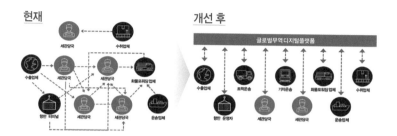

▶ 트레이드렌즈 시스템 ◀

출처 IBM

면서 거래를 합의·검증하는 메커니즘에 참여한다. 소프트뱅크와 TBCA Soft는 통신사업자들의 블록체인 컨소시움인 Carrier Blockchain Study Group의 ID 확인과 검증 분과를 맡아 Cross Carrier Identification System$_{CCIS}$을 2019년 2월에 출범시켰다. 지금까지 중앙집중화된 가입자 정보 등록방식으로 인해 개인정보의 유출 등이 심각한 점을 방지하기 위해 영지식증명$_{zero\ knowledge\ proof}$ 기반의 암호화와 분산원장 기술을 사용한다. 가입자는 통신사업자별로 수많은 계정과 비밀번호를 기억할 필요가 없고 CCIS 데이터센터와 자료를 공유하면서 높은 수준의 보안 서비스를 받을 수 있게 된다.

공급망 관리도 블록체인에 의해 급격한 변화를 겪게 될 것이다. 과거에 단순했던 공급망 관리가 산업이 글로벌 체인화되고 분화

됨에 따라 수십, 수백개의 연결점이 필요로 해지고 있고 이에 따른 문제점으로 노드별 효율성과 책임성의 문제가 발생하게 된다. 블록체인은 원료의 생산과 조달, 상품과 서비스의 물류, 유통 등의 전 과정을 추적할 수 있게 해준다.

소매 및 유통 분야에서 블록체인 플랫폼을 도입하려는 노력도 다양하고 강력하다. 2017년 IBM은 폐쇄형 블록체인인 하이퍼레저 프로토콜을 기반으로 푸드 트러스트Food Trust를 발족하고, 이후 다수의 선도적인 식품 공급업체인 돌Dole, Driscoll's, 골든스테이트 푸드, 크로거, McCormick and Company, McLane Company, 네슬레, 타이슨 푸드, 유니레버 등을 참여시켜 가금류, 과일, 채소, 유제품 등의 원산지에 관한 정보를 제공하고 생산자에게 유리한 가격과 금융을 제공하고 있다.

식품 업계의 생산 과정에서의 원 생산자의 추적과 생육 및 가공 과정의 문제와 유통 과정에서 변질 등의 고질적인 이슈를 해결하기 위해 블록체인 기술을 기반으로 생산자와 도소매 유통자를 연결하는 푸드 트러스트와 같은 플랫폼이 필요하다. 상품 이력의 추적에 3초 정도만 소요된다. 푸드 트러스트를 이용하는 생산 및 유통 업체는 80개 이상으로 미국의 월마트, 크로거, 앨버트슨 등 유명 슈퍼마켓 체인과 카르푸, 타이슨푸드 등이다. 식품 및 유통 업계에 이처럼 빨리 확산된 것은 하이퍼레저 기반으로 암호화된 데이터에 대한 접근권을 엄격히 통제하고 거래 기록이나 시스템 접속 기록을 통제하는 권한을 확실히 부여했기 때문이다.

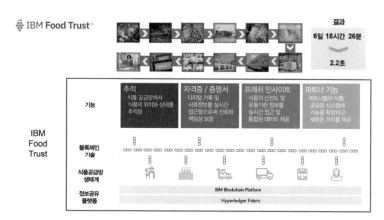

▶ 식품 원산지 추적◀

출처 박세영, IBM 코리아, "블록체인으로 변화될 산업의 혁신 및 미래"

2018년부터 세계 1, 2위의 다이아몬드 생산 업체 드비어스와 알로사Alrosa가 블록체인을 이용해 다이아몬드의 채굴, 생산, 배송, 유통 이력을 추적하는 플랫폼을 함께 시범 운영을 하고 있다. 이를 통해 보석의 진위를 가릴 수 있을 뿐만 아니라, 유통 이력을 추적하여 중고 제품 구매의 안전성을 도모하고, 해당 다이아몬드가 분쟁지역에서 생산blood diamond되지 않았다는 증명이 가능해진다.

인간이 창의적으로 창작한 작품이나 기술이 토큰화 되어 돈으로 환산되어지고 개인이 전 세계를 대상으로 지재권을 라이센스로 판매할 수 있다면 전 세계 소외지역에 있는 발명가나 창작자들의 생각이 더욱 꽃피울 수 있다. 전 세계적으로 한 개의 특허등록기관·시스템이 존재하고 이를 통해서 지재권을 등록한다면 상호 간의 직접적인 거래가 가능해지고 무료인 인터넷을 이용하여 대폭적으로 등록과 활용의 비용을 낮추게 된다.

세 번째 유형은 플랫폼 형태의 분산앱이다. 이 유형의 분산앱은 기능이 각기 다른 모듈을 탑재한 것으로 예를 들어 ID 등록, 거래 추적, 지불 및 송금 등 통합적인 패키지로 구성된 것이다. 물론 이러한 세 가지 유형 구분에 속하지 않는 다양한 분산앱이 출시되었거나 구상되어지고 있다. 이러한 분산앱들은 완전히 새로운 비즈니스를 만들어내거나 기존의 시장 지배적인 비즈니스를 대체할 가능성이 있다. 향후 인공지능과 IoT를 연계하여 사용될 수 있는 분산앱이 주도적인 세력으로 등장할 가능성이 매우 높고, 과거에 상상하기 어려웠던 새로운 블루오션을 만들어 낼 것으로 기대된다. 향후 모든 사물과 장치들이 연결되는 IoT가 상당히 구현되면 데이터 표준이 존재하지 않아서 발생하는 호환성 문제, 수많은 메시지 간의 통신비 문제, 데이터의 저장 및 축적의 문제 등이 발생한다. 분산앱은 탈중앙화로 시스템 처리능력의 확장, 표준화된 데이터 표준과 통신 프로토콜, 저장용량 확장 및 데이터 보안 등에서 강점을 가질 것이며 실시간으로 신뢰할 수 있는 데이터를 제공하는 역할을 하게 될 것이다. 보건의료 관련 기업의 경우에는 거래 방식에 대한 규제가 안전이나 생명 및 재산 보호 차원에서 규제를 받을 가능성이 크다. 특히 규제자들은 새로운 형식의 거래나 이해하기 어려운 개념을 싫어하므로 기존의 규제의 틀로 새로운 서비스나 플랫폼을 재단하려고 든다.

보건의료 분야는 많은 규제가 있고 그 조차도 불투명하거나 실체가 불분명한 경우가 많다. 특히 이 분야에서 IT나 건강관련 기술은 규제가 따라오지 못할 속도로 발전하고 있어서 행정 공무원들이 어떤 방식으로 이전과는 다른 접근 방법을 취해야 하는 지를 고민하는 분야이다. 그동안 주로 백오피스에 대한 투자를 통해서 규제에 대응하는 처리 방식을 강구해 왔으나, 이제는 블록체인 등을 이용하여 어떻게 자동적으로 처리하고 간소화streamline 하느냐가 중요하고 이런 서비스를 토큰화해서 ICO를 할 수도 있다.

Remy라는 업체는 신탁자로서 엔젤 투자자나 기관 투자자를 규제 차원에서 대응하도록 지원하고, 인프라를 구축하고, 판매자·솔루션 제공자·변호사와 회계사 등의 거래를 촉진하고, 규제에 순응하는 토큰 발행 등을 지원하는 솔루션을 제공한다. 이외에도 참가자들이 최초로 블록에 입력하는 데이터를 잘못 입력하거나 왜곡시킬 경우 이러한 사실을 검증하기가 쉽지 않다. 이는 사람이 입력에 개입하는 경우뿐만 아니라 기계나 장치에서 자동적으로 발생하는 데이터의 오류가 있을 경우 이 문제를 파악하기가 어려워서 고쳐지지 않은 채로 지속되게 된다.

분산원장 기술의 비즈니스 적용방안과 사례

분산원장 기술은 블록체인보다 폭넓은 개념이고 블록체인 기반으로 이루어질 수도 있고 그렇지 않은 경우도 많다. 분산원장 기술을 사용하여 통합 ID 시스템을 운용하면 여러 가지 확인 및 검증 절차가 간소화될 뿐만 아니라 개별 기관이 각자 ID 데이터를 끊임없이 수집·보관하고 갱신해야 하는 문제와 데이터 보호 및 보안 문제들을 극복할 수 있다. 현재는 고객이 특정 금융기관 등에 가입했을 경우 자신의 신원 정보를 제공하는 데 많은 시간과 노력을 쓰고 있을 뿐만 아니라 각 기관이 칸막이로 막힌 사일로처럼 움직이면서 각자가 데이터를 수집·저장·인출·추적하는 시스템을 구축하고 있어 그 효율이 매우 낮다. 통상 주식거래의 사례를 들면 증권회사에 계좌를 열고 거래대금을 지불할 수 있을 정도의 잔고를 유지하면서 온라인으로 코스닥이나 주식시장에 등록·상장된 주식을 주문하면 거래 금액과 단가가 적정하면 거래가 성사되어 주문자의 계좌에서 현금이 인출되고 해당 기업의 주식이 증권거래소를 거쳐 주문자의 계좌로 이체되고, 매년 거래

관계를 증권거래소가 종합하여 관리하고 거래 당사자에게 통보하게 된다. 이 과정에서 일반 이용자와 해당 회사에 대해 각각 이를 중개·대행하는 증권회사가 존재한다. 증권거래소는 거래를 청산하는 기관이다. 현재의 거래는 시간적으로는 즉시 성사되는 것처럼 보이지만 실제로는 상당히 많은 기관이 개입되고 상당한 시간이 필요하다. 그러나 분산원장 기술을 사용하면 이 과정이 매우 단순화되면서 중간 개입기관이 사라지게 된다.

골드만삭스의 경우 이미 분산원장 기술을 이용한 SETLcoin을 만들어서 주식을 사고팔려는 거래 당사자 간의 직접 주문 및 정산 처리가 가능하게 하고 있다. 기업의 회계 감사도 분산원장 기술을 활용하여 매우 효율적으로 처리할 수 있다. 현재 기업의 재무 파트와 회계 법인의 감사 담당 회계사 등이 수행하고 있는 업무를 인공지능 기술을 이용하여 수초 내로 확인 검증이 가능하다.

중국을 비롯한 많은 중앙은행이 자국의 전자화폐를 발행하려 하지만, 이것들이 채굴이 필요한 공개형 블록체인 기반이 아니라 분산원장 기술을 활용하는 경우가 더 많다. 디지털 신분증의 경우에도 블록체인에 기반할 수도 있지만 그렇지 않을 수도 있다. 여권 같은 경우에는 이를 담당하는 정부 행정부처가 공개형 블록체인 기반으로 추진하기는 곤란하다. 분산원장 기술 기반의 전자 신분증의 경우 개인정보를 직접 관리하게 되어 페이스북, 구글 등이 개인정보를 이용하여 광고를 유치하거나 개인정보를 제공하여 유통 업체나 각종 서비스를 이용하도록 하여 수입을 올리는 패턴을 바꿀 기회가 발생한다. 이용자가 직접 개인정보를 소유·관리하면서 사업자 간의 경쟁 입찰을 하게 해서 어느 사업자가 얼마나 댓가를 지불하고 개인정보를 이용한 사업을 할 수 있게 하느냐를 결정할 수 있다.

한국의 블록체인 공공 분야 시범사업

우리나라의 블록체인 솔루션 기술에 대한 실증 사례가 매우 적은 문제가 있다. 특히 솔루션과 관련된 암호화폐의 발행이 금지되면서 글로벌하게 서비스를 하는 비즈니스 솔루션을 만들어 내는 것은 사실상 제한된다. 따라서, 최근 한국인터넷진흥원을 중심으로 정부의 블록체인 공공 선도사업들이 시도되고 있다.

2018년의 경우 비효율적인 통관 정보 전달 체계, 정보 오류의 발생 및 허위 신고 문제, 어렵고 오래 걸리는 배송 현황 파악 문제 등을 해결하기 위해 구매자·쇼핑몰·배송대행사·세관·국내 택배사를 블록체인으로 연결하는 관세청의 '지능형 개인통관시스템'. 물류 주체간 정보 공유 부재로 데이터가 불일치하는 문제, 운송 정보를 무선이나 팩스로 전달시 human error 문제, 컨테이너 위치 정보 부재로 배차나 처리 시간 과다 문제 등을 해결하기 위

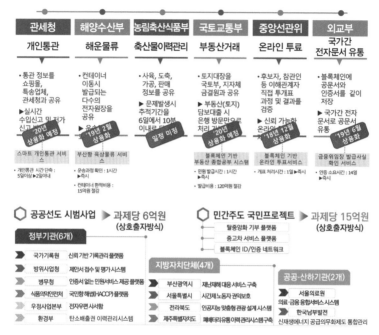

▶ 2018 ~ 2019년도 공공 분야 시범사업 ◀

관세청	해양수산부	농림축산식품부	국토교통부	중앙선관위	외교부
개인통관	**해운물류**	**축산물이력관리**	**부동산거래**	**온라인 투표**	**국가간 전자문서 유통**
• 통관 정보를 쇼핑몰, 특송업체, 관세청과 공유 • 실시간 수입신고 및 저가 신고 검증	• 컨테이너 이동시 발급되는 다수의 전자원장을 공유	• 사육, 도축, 가공, 판매 정보를 공유	• 토지대장을 국토부, 지자체 금결원과 공유	• 후보자, 참관인 등 이해관계자 직접 투개표 과정 및 결과를 검증	• 블록체인에 공문서와 인증서를 같이 저장
▶ '20년 상용화 예정	▶ '19년 2월 상용화	▶ 문제발생시 추적기간을 6일에서 10분 이내로 단축	▶ 부동산(토지) 담보대출 시 은행 방문만으로 처리	▶ 신뢰 가능한 온라인 '18년 12월 상용화	▶ 국가간 전자 문서로 공문서 유통
			▶ '20년 상용화 예정		▶ '19년 6월 상용화
스마트 개인통관 서비스	부산항 육상물류 서비스	일정 미정	블록체인 기반 부동산 종합공부 시스템	블록체인 기반 온라인 투표서비스	금융위원장 발급사실 확인 서비스
• 개인통관 시간단축 : 5일이상▶2일이내	• 운송과정 확인 : 1시간 • 컨테이너 핸칭비용 : 15억원 절감		• 민원 발급시간 : 1시간▶즉시 • 발급비용 : 120억원 절감	• 개표 처리시간 : 1일▶즉시	• 인증 소요시간 : 14일▶즉시

⬤ **공공선도 시범사업** ▶ **과제당 6억원**
(상호출자방식)

정부기관(6개)	
▶ 국가기록원	신뢰 기반 기록관리 플랫폼
▶ 방위사업청	제안서 접수 및 평가시스템
▶ 병무청	인증서 없는 민원서비스 제공 플랫폼
▶ 식품의약안전처	국민향해(HACCP) 플랫폼
▶ 우정사업본부	전자우편 사서함
▶ 환경부	탄소배출권 이력관리시스템

⬤ **민간주도 국민프로젝트** ▶ **과제당 15억원**
(상호출자방식)

- 탈중앙화 기부 플랫폼
- 중고차 서비스 플랫폼
- 블록체인 ID/인증 네트워크

지방자치단체(4개)	
▶ 부산광역시	재난재해 대응 서비스 구축
▶ 서울특별시	시간제 노동자 권익보호
▶ 전라북도	인공지능 맞춤형 관광 설계 시스템
▶ 제주특별자치도	폐배터리유통이력관리시스템구축

공공·산하기관(2개)	
▶ 서울의료원	의료·금융 융합서비스 시스템
▶ 한국남부발전	신재생에너지 공급의무화제도 통합관리

출처 채승완. "블록체인 시범사업과 추진방향"

한 해양수산부의 '블록체인 기반 컨테이너 부두간 반출입증 통합 발급'. 사육·도축·가공·판매의 수동 입력으로 human error 발생 문제, 관련 증명서의 위변조 및 신뢰성 문제, 소비자가 축산물 이력 조회를 할 수 없어 발생하는 식품 안전 문제를 해결하기 위한 농림부의 '폐쇄형 블록체인 기반의 축산물 이력관리시스템'. 토지 관련 증명서의 열람·발급시 관련 지자체를 방문하는 번거로움, 과도한 시스템 운영 비용 문제, 위·변조 문제 등을 해결하기 위한 국토교통부의 '블록체인 클라우드 기반 부동산 종합공부 시스템'. 해킹 우려·위변조·투개표 불신으로 인해 활성화되지 못하고 있는 온라인 투표에 대해 투표 내용을 분산 저장하는 중앙선관위의 '블록체인 기반 온라인 투표 시스템'. 국가별 인증서 발급 형태가 상이하고, 인증 원본을 유통하는 인프라가 없어 신청자가 해당 기관을 방문하는 불편함을 제거하기 위한 외교부의 '블록체인 기반 재외공관 공증 서비스 플랫폼' 등의 사업이 전개되었다.

2019년 공공 선도사업은 정부출연금 72억 원, 자부담금 54억 원으로 총 사업비 126억 원을 투자하여 12개 사업을 실시하고, 총 사업비 85억 원을 투자하여 3개의 민간 주도 국민 프로젝트를 실시한 바 있다.

블록체인 기술의 비즈니스에 적용시 고려 사항과 전략

블록체인 기술 적용 여부의 판단과 각 단계별 검토 사항

　어떤 비즈니스에 블록체인 적용이 적합한가를 검토하는데 4가지 조건을 검토할 수 있다. 첫째, 정보의 작성자·조회자·노드 관리자 등 다수의 참여자가 저장 정보를 공유하는 것이 바람직할 때, 둘째, 이러한 복수의 이해 관계자가 수시로 정보를 작성·조회하는 것이 필요할 때, 셋째, 어느 정도의 익명 거래가 용납될 때, 넷째, 거래의 감사나 투명성을 위해 기록된 거래가 수정 불가능할 때이다. 기술적인 관점에서 적합성을 검토할 경우 첫째, 개인정보·정보 공유·API 등의 데이터 보안 문제, 둘째, 인증 문제, 셋째, 스마트 계약·분산앱을 구현할 기술의 성숙도와 확장성과 기존 시

스템과의 통합의 용이성 문제를 확인하여야 한다.[19]

옥스퍼드 블록체인 프레임워크는 또 다른 관점에서 블록체인의 채택 여부와 관련된 핵심적인 6가지 체크 사항과 블록체인을 적용하는 경우 프로토콜, 네트워크, 어플리케이션 계층에서 고려해야 할 사항을 잘 정리하고 있다. 이를 표로 정리하면 다음과 같다.

핵심 체크지표	① 자동화에 가까운 예측가능하고 반복적인 과정인가?
	② 일회성이라기보다는 장기간 이루어지거나 현재 진행중인 과정인지?
	③ 거래나 가치사슬에 다수의 이해 당사자가 참여하고 있는지?
	④ 일방 당사자가 서로 다른 집단간의 조정 역할을 하는지, 거래나 이전을 촉진하는 중앙집권적인 매개자나 중재자가 있는지?
	⑤ 금전, 데이터, 특정 권리, 특정한 것에 접근 권한 등 가치이전이 있는지?
	⑥ 변경 불가능한 기록이 필요하거나 가치가 있는지?
프로토콜 계층	① 공개형 블록체인을 이용하는 것이 가능한가? 또는 폐쇄형 블록체인을 사용할 필요가 있는지?
	② 속도, 프로그래밍 가능성, 지불 기능에 관한 디자인은 어떠해야 하는지?
	③ 개발자들을 활용할 수 있는지, 사용하고자 하는 프로토콜이 활성화되고 지속가능한 공개 소프트웨어 개발자 커뮤니티에 연결될 수 있는지?
네트워크 계층	① 누가 노드를 운영하는지, 누가 노드에 읽을 수 있고 쓸 수 있는지?
	② 기술 통합의 필요 사항은 무엇인지?
	③ 데이터를 기록 보관하고 규제하는 것과 관련한 스토리지 필요 사항은 무엇인지?
어플리케이션 계층	① 누가 어플리케이션을 사용하고, 유저의 경험과 디자인에 관한 의미는 무엇인지?
	② 현재 조직 구조는 무엇이고, 사용자들의 행동 유형은 무엇인지, 어플리케이션 제품이나 서비스가 현존하는 작업 흐름과 맞는지?
	③ 이런 사용례를 이행하는데 행동이나 조직적인 변화가 필요한지?

---

19 배운철 이사, 인큐텍, "블록체인 트랜스포메이션"에서 인용.

블록체인의 기업 적용을 시행할지 여부의 판단 기준

블록체인을 기업에 적용하고자 하는 경우에 첫 번째로 고려해야 할 사항은 얼마나 빨리 도입해야 하는지, 플랫폼의 확장 가능성, 보안 및 정보 공개의 여부이다. 정보 공개의 여부에 핵심적인 것이 공개형 블록체인인지 폐쇄형 블록체인인지 프로토콜을 결정하고 단독으로 할 것인지, 컨소시움에 참여할 것인지를 판단해야 한다. 그리고 금융 분야나 보건의료 분야인 경우 규제 문제가 상존한다. 이를 단계적으로 살펴보면, 많은 대규모 기업들과 기관은 중앙집중화로 사업을 운영해 와서 탈중앙화, 분산화된 P2P 시스템에 익숙하지 않아 저항을 하게 된다. 이는 경영진에게도 영향을 미치는데 조직 구조를 탈중앙화하여 분권화 해야하고, 의사결정 권한도 분산이 된다. 특히 오래되고 전통이 깊은 조직일수록 특정 부서나 개인의 역할이 강력하게 뿌리를 내리고 있다.

두 번째로는 대부분의 기업들이 IT 시스템이나 데이터 보관 등에 있어서 중앙화된 시스템을 이용하고 있어서 이를 새로운 블록체인 플랫폼과 프로토콜, 분산된 노드에 보관하는 방식으로 이전하는 것은 무척 어렵다. 데이터를 어디에 보관해야 하고 누가 관리를 해야 하는지, 문제가 발생했을 때 어떻게 처리해야 하는지에 대한 구체적인 가이드라인이나 매뉴얼이 부족하다. 그리고 블록체인 기반의 스마트 계약을 추진해야 하는지 기록 관리에 집중된 레지스트리 방식이 적절한지에 대한 판단도 쉽지 않다. 보통 이 경우에는 기존의 IT 레거시 시스템legacy system을 설치한 전문 IT 대기업과 협업하는 경우가 흔하다. 만약 블록체인 관련 스타트업이나 벤처기업과 작업을 할 경우, 기존 기업이 블록체인 기반의 사업 구조와 시스템을 전환하는데 상당한 시간이 소요되는 반면에, 벤처기업들이 기존의 기업을 블록체인 기반으로 전환하는 것을 주도하고 유지 보수하는 것을 충분히 오랜 시간에 걸쳐 제공하는 것이 용이하지 않다.

세 번째로는 블록체인에 대한 투자가 충분한 투자수익율ROI을 가질 수 있는지를 입증하는 것이다. 2020년 현재 대규모로 블록체인을 기반으로 한 상업적인 서비스가 많지 않고 시범서비스나 R&D 정도에 그치는 경우가 상당히 많다. 블록체인 플랫폼과 분산앱의 채택에 따른 투자수익율을 어떻게 정의하고 이를 달성할 메커니즘을 고안하는 것은 쉽지 않은 작업이다. 블록체인은 순수 내부용의 목적이라기보다는 수많은 이해관계자에게 해당 스마트 계약이나 분산앱을 사용하게 하는 것이고 기존의 사업에 참여하고 있던 거래 당사자들이 블록체인 플랫폼에 적극적으로 참여해 주어야 한다. 해당 기업이 블록체인 인프라와 솔루션을 채택하였으나 협력 업체나 공급 기업들이 그 구조나 기능을 충분히 납득하지 않으면 쉽게 이행하기가 곤란하다. 특히 시장지배력이 약한 기업의 경우 블록체인 솔루션을 추진하는데 한계가 있을 수 있다. 또한, 은행 및 결제대행 기관 등 중간 개입 업체들의 경우 기존의 사업과 매출이 위협을 받게 되므로 저항하거나 자신들이 가진 정보나 노하우를 지렛대로 사용하여 블록체인 기반으로의 이행을 저지할 수 있다.

블록체인 채택을 위한 과정

인터넷의 도래로 정보의 이용과 전파에서는 혁신적인 변화를 겪었다. 제2의 인터넷의 물결은 정보의 상호 연결과 협업에 의해 좌우될 것이다. 이러한 파괴적이면서도 혁신적인 기술은 더욱 흉내내기가 어려워진다. 이제 전 세계에 인터넷이 보급되어 있으므로 이러한 어플리케이션의 적용은 매우 용이해졌다. 중요한 것은 타이밍이다. 모든 것의 디지털화가 이루어지고 있으므로 넷플릭스와 같은 미디어와 오락 분야, 유통, 금융 서비스, 통신 산업은 큰 변화에 직면하고 있다. Global Center for Digital Business Transformation의 조사 연구에 따르면, 전 세계 44개국의 636개의 기업 리더가 2015년 대비 2017년에 디지털 전환을 경험하고 있는 비율이 15%에서 50%로, 이렇게 답변한 기업 중에서 디지털 전환의 영향이 심각하다고 생각하는 비율은 27%에서 75%로 증가되었다. 한편 얼마나 효과적으로 디지털 전환에 대응하고 있느냐의 비율은 25%에서 31%로 소폭 상승하였다. 디지털 변혁Digital disruption이 경제나 기업에 미칠 영향을 짐작해 볼 수 있는 지표이다.

최고경영자나 정책담당자가 시장 규모와 접근 방법에 대한 체계적인 분석을 위해서는 다음과 같은 몇 가지 단계를 감안할 필요가 있다. 첫 번째 질문은 사업 전략의 구상이다. 대상이 되고 있는 비즈니스나 산업 분야에서 어떤 블록체인 프로토콜과 비즈니스 모델을 생각할 수 있는가, 다양한 선택지 중에서 어떤 것을 선택할 것인가, 산업 중에서 어떤 분야나 가치사슬 중 어떤 것에 집중할 것인가, 특정 가치사슬에 적용하고자 하는 어플리케이션이 가져올 경제적·재정적·사회적 가치는 어떤 것인가, 이러한 전략을 투자자·사업 파트너·내부 임원 중 누구를 대상으로 설득해야 하는지를 결정하여야 한다. 두 번째는 시장 규모를 판별하여야 한다. 이러한 사업 전략을 가지고 실제적으로 경쟁을 할 수 있는 총시장의 일정 부분의 규모는 어떠한지는 블록체인 서비스를 이용해서 혜택을 볼 사람들, 이와 관련된 분야에 종사하는 기업과 조직, 이 분야에 현재 투자되고 있거나 지출되고 있는 금액 규모를 감안하여 판단하여야 한다. 그 다음으로는 이러한 총시장 중 특정 부문의 시장이라 하더라도 실제로 대응할 수 있는 규모를 한정하여야 한다. 획득 가능한 부분 시장의 규모나 초기 진입시 장악 가능한 부분과 10년 이상 장기적으로 획득 가능한 특정 부분 시장과 그 시장에서 앞으로 전개될 변화에 대한 예측이 필요하다.

블록체인 플랫폼이나 솔루션과 같은 혁신적인 사업을 추진하려면 전략을 채택하고 집행하는데 다음과 같은 제약 조건이 있다.

제한적인 시간·자금·핵심 추진 인력, 조직내에서 블록체인에 대한 이해 부족과 두려움 및 기존의 조직 구조, 핵심적인 이해 관계자들의 지지 여부, 최적의 블록체인 프로토콜과 솔루션을 강구하고 납득시키는 것 등이다. 조직 내외부의 인지적 편견은 의사결정, 구성원의 정보 처리 역량, 실수로 인한 것을 역량의 부족으로 간주하는 것 등을 포함한다. 블록체인을 추진함에 있어서 이러한 저항과 제약 요인을 극복하기 위해서는 단순히 주어진 과제를 올바르게 하는 것이 아니라, 적시에 제대로 된 과제를 하는(Do the right things at right time) 동적인 혁신 역량이 필요하다.

동적인 혁신 역량은 고객의 수요와 이를 충족시키는 기회를 감지하는 것, 새로운 기회에 걸맞게 조직을 전환하고 지속하는 골격 갖추기, 필요한 자원을 동원하고 운영하여 기회를 구현하는 단계가 필요하다. 기회를 감지함에 있어서는 새로운 기술과 시장 기회를 어떻게, 누가 가장 적절하게 할 수 있는가와 이를 독려하는 인센티브 제도, 아니면 다양한 사람들의 의견을 모아서 찾는 방안crowd sourcing을 감안하여야 한다. 기업이 처한 환경마다 다를 수 있지만 조직 구조가 다원화되고 탈중앙화가 상당히 이루어진 조직이 과거에 생각하지 못했던 사업 기회를 감지하는데 도움이 된다. 스티브 잡스의 자서전에 나온 사례를 인용하면, 디즈니사의 중간 간부였던 라세터Lasseter가 컴퓨터 애니메이션의 가능성과 기회를 감지하고 CEO인 마이클 아이스너에게 건의했지만 반응이 없어 디즈니를 퇴사하고 루카스 필름으로 이직하였다. 이후 애플 컴퓨터에서 쫓겨난 스티브 잡스가 이 회사를 인수하여 픽사Pixar로 개명하고 '토이스토리'와 '니모를 찾아서' 등을 컴퓨터 애니메이션으로 제작·배급하여 공전의 히트를 쳤고, 디즈니가 그 이후 픽사를 인수하고 라세터를 CEO로 고용하였다.

골격을 갖추는데 있어서는 블록체인 기술과 솔루션에 대한 통찰, 조직 내에서 노하우를 보유하고 있는지, 창의적인 아이디어를 촉진하는 기업 문화의 존재 여부, 새로운 아이디어를 테스트해 볼 수 있는지가 중요한 고려 요소이다. 이와 같은 골격 형성에는 사회적인 의사결정 정족수인 '3인중 2인 찬성의 법칙(rule of three)'이 도움이 된다. 어떤 구성원이 혁신적이거나 급진적인 사업 아이디어가 있을 경우, 자신이 감지한 기회를 다른 두 명의 구성원에게 물어보고 그중 한 사람이라도 찬성하면 일단 추진을 하는 방식이다. 기회 구현에 있어서는 과거 기회 포착과 구현의 성공 경험의 보유 여부, 이러한 결정을 누가 할 것인가, 블록체인 투자에 대한 이해관계자의 판단 기준 등을 감안해야 한다. 이러한 제반 과정에서 조직 구성원 전체가 변혁적 기술disruptive technology에 대한 학습과 이해를 갖추는 것은 매우 중요하다.

블록체인 비즈니스를 조직 내외부에서 촉진하는 방안

파괴적 혁신 기술인 블록체인 기반의 비즈니스 플랫폼과 솔루션을 창출하기 위해서는 조직 구조가 통합적인지 자율적인지, 아이디어 감지의 근원이 내부인지 외부인지에 따라 다양한 촉진 활동을 생각해 볼 수 있다. 외부의 유망한 아이디어와 기술력을 끌어들이기 위해 인큐베이팅 서비스와 지원을 할 수 있다.

최근 우리나라에서도 기업 내부의 자극을 위한 액셀러레이터 방식의 인큐베이팅이 상당히 인기가 있다. 많은 IT, 제조, 금융 대기업의 경우 자체 벤처 투자펀드를 조성하여 유망한 블록체인 업체에 투자를 하는 경우도 많다. 모기업의 자금력이나 영업 네트워크와 노하우가 벤처업체에는 크게 도움이 되고 모기업도 지분을 가지고 벤처업체를 통제할 수 있게 된다. 필요에 따라서는 이미 제품이나 서비스에 관한 모델과 어플리케이션이 상당히 정립된 유망블록체인 서비스나 프로토콜 관련 기업을 인수하는 것도 방안이다. 인수·합병된 블록체인 업체는 인수한 업체의 시장이나 고객네트워크를 이용하여 손쉽게 시장 점유율을 높이고 사업을 안정화시킬 수 있는 장점이 있다. 하지만 완전히 다른 기업 문화와 접근 방식으로 인해 내부적인 갈등이 고조되고 기대만큼 시너지가나지 않을 수도 있다. 기업의 내부 역량을 통해 블록체인 비즈니스를 추진하는 방안으로는 블록체인 전문 업체와 협력하는 방식이다. 이 방안은 상당수의 기존 대규모 기업들이 추진하는 방식이다. 협력업체의 아이디어와 혁신에 대한 접근 방식을 손쉽게 알 수 있지만, 어느 정도를 공유하고 어떤 부분을 각 회사의 고유 영역으로 둘 것인지에 대한 명백한 사전 계약이 있어야 한다.

다른 방식으로는 변혁적 기술에 대응이 적합한 내부 인원의 역량을 결집하여 분사하거나 자회사로 분리하는 방식이다. 가장 용이한 방식 중의 하나가 산업별 블록체인 컨소시움에 참여하는 것이다. 대표적인 컨소시움으로는 시티은행 등 금융기관, 마이크로소프트·인텔 등 포춘500대 기업, 블록체인 스타트업으로 구성된 EEA_{Enterprise Ethereum Alliance, entethalliance.org}가 있다. 이 컨소시움은 개인정보, 기밀 유지와 거래 관리 등 이더리움 프로토콜의 개선 추구와 유통망 관리·광고·보험 등의 분야에서 데이터 교환과 거래 관리를 위한 워킹그룹 등을 운용하고 있다.

교통_{Blockchain in Transport Alliance, BiTA}, 보험_{Blockchain Insurance Industry Initiative, B3i}, 의료_{Hashed Health}, 자동차, 식품 유통 분야 등 다방면에서도 개별 컨소시움이 존재하고 있다. 블록체인을 이용할 필요가 있는 유사 산업군내의 많은 기업이 표준을 만들고, 통합성을 달성하고, 거래 정보를 교환하고, 규제에 공동 대응하는 것이 가능하다. 이 방식은 산업군 전체로 혁신적 기술을 동시에 채택할 수 있는 장점이 있다. 또한 리브라_{Libra}처럼 페이스북을 중심으로 유관 가치사슬에 해당하는 기업들이 참여하여 구성하는 경우도 많다. 블록체인을 적용하는데 있어서 내부 직원들의 교육을 통해서 블록체인 전체에 대한 이해, 유사한 생각을 갖고 있는 집단과의 교류, 블록체인에 대한 환상을 가지지 말 것 등이 중요하다. 특히 코인데스크나 Cointelegraph는 블록체인에 관한 뉴스와 온라인 컨텐츠를 제공하고 있고, 블록체인에 관한 많은 커뮤니티가 존재하고, 유통망 관리 등 산업 분야별로 블록체인 컨퍼런스가 진행되고 있다. 다만 현재는 블록체인의 처리속도가 초당 7개에서 20개 정도에 불과하고 아직은 초기이므로 블록체인을 적용하는 것을 너무 서두를 필요는 없다. 아래 그림은 블록체인의 적용의 적합성, 시행 여부의 판단 기준, 블록체인 적용 과정 등을 포괄하여 비즈니스 솔루션 구축시 고려 사항을 종합 정리한 것이다.

▶ 블록체인 비즈니스 솔루션의 요건 ◀

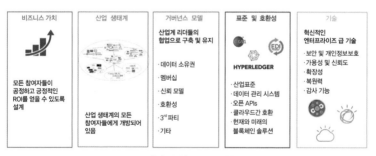

출처 박세영, IBM 코리아. "블록체인으로 변화될 산업의 혁신 및 미래"